KB273867

메두사의

웃음

메두사의

엘렌 식수 지음

웃음

이혜인 옮김

마티

— 본문의 주 중에서 옮긴이가 단 것은

— 원서에서 이탤릭으로 강조한 부분은 명조로 표시했고,

— 원어의 중의성을 반영할 수 있는 한국어 표현을

— 본문의 글은 한 행이 왼쪽 면에서 시작해 오른쪽 면으로

제본하는 과정에서 생겨나는 안쪽 여백은 지면을

이 책은 그 경계를 뛰어넘는

일러두기

‘[역주]’로 표시했고, 나머지는 모두 지은이 주이다.

각주와 「장미 가시 효과」에서는 고딕으로 표시했다.

찾기 어려운 경우 빗금을 사용해 중의적인 의미를 나타냈다.

이어진다. 낱장으로 되어 있는 원고를 한 권의 책으로

왼쪽과 오른쪽으로 나누는 강력한 경계로 기능한다.

읽기 방식을 제안한다.

—————————→

차례

1975년 메두사가
그 후 평화의 시기와 수많은 전쟁을
그녀가 온다면 어느 하늘 아래
어떤 언어 어떤 언어들로 메두사가
모음들은 어떤
남녀목소리들(VoixIels)ᵉ은? 검은 A
정관사, 인칭대명사가 있을까? 그녀가
그녀는 몇 시에 '우리가 거기
미래의 그녀의
2025년 나는 이렇게
메두사가
메두사는 죽지 않았을 뿐

엘렌 식수,

ᵉ [역주] 앞 문장의 "모음들"(les voyelles)이라는 프랑스어 단어와 식수의 조어 "les VoixIels"은 발음이 유사하다. 랭보의 시 「모음들」을 환기하는 대목으로, 식수는 '목소리'를 뜻하는 프랑스어 단어 'voix'에 '그'와 '그녀'를 뜻하는 프랑스어 인칭대명사 'il'과 'elle'의 합성어 'Iels'을 덧붙여서 새로운 모음들이 성차(différence sexuelle)에 관한 새로운 사유를 담지함을 암시한다.

서문

이 텍스트를 타고 도주했고,

거치는 동안 그녀는 계속해서 날갯짓한다

어느 시기에 오게 될지 나는 모른다

웃을까? 그녀가 웃을까?

새로운 색들을 띨까?

파랗거나 초록인 E 그리고 그 반대로?

날개를 잃는 날 나는 거기에 없을 것이다

있다'라고 말을 할까?

전화번호는 무엇일까?

내년의 내년을 꿈꿨다

비상했다

아니라 더 젊어졌다

2024

메두사의

웃음

나는 여성적 글쓰기에 관해,
것이다. 여성은 자기 자신을
여성을 써야 하고, 여성들을
그녀들은 자신의 몸에서 난폭하게
동일한 이유로, 동일한 법에 의해,
글쓰기에서 멀어졌다. 여성은
시작하듯이 자발적으로

더 이상 과거가 미래를
과거의 효력이 여전히 있음을
그것을 반복함으로써 그 효력을
준하는 종신성을 부여하는 것,
혼동하는 것을 거부한다.

이러한 고찰은 이제 막 드러나기
우리가 살고 있는 이 과도기,
보다 엄밀히 말해 남성적인
나오는 과도기의 흔적을 지닐
장소는 없고, 헤쳐 나가야 할
내가 하는 말에는 적어도 두 가지

그것이 무엇을 할지에 관해 말할

써야/써져야 한다. 즉 여성은

글쓰기로 오게 해야 하는데,

멀어졌던 것과 마찬가지로, 그와

동일하게 치명적인 목적으로

자기 자신을 출산하고 역사를

텍스트에 착수해야 한다.

결정하게 돼서는 안 된다.

부정하는 게 아니다. 다만

공고히 하는 것, 거기에 운명에

생물학적인 것과 문화적인 것을

앞지르기가 시급하다.

시작한 영역에서 이루어지기에,

옛것에서 새로운 것이 나오고,

옛것에서 여성적인 새로운 것이

수밖에 없다. 담론에 근거를 둘

천년 묵은 불모지가 있을 뿐이니,

측면과 두 가지 목표가 있다.

하나는 파괴하기, 부수기이고,

예측하기,

나는 여자로서 여자들을 향해

여자란, 전통적인 남자와

의미하며, 그녀들의 견지(와 성적

역사를 도래하게 해야 하는

하지만 무엇보다 앞서 확실히 해

전형적인 여성은 존재하지

'검은 어둠' 안에 매어 두고 그게

엄청난 억압, 하물며 오늘날에도

말이다. 그녀들이 공통적으로

한다. 하지만 나를 사로잡는

지닌 무한한 풍요이다. 유사한

마찬가지로, 일관되고, 균일하며,

여성적 섹슈얼리티를 말할 수

회화, 글쓰기처럼 무궁무진하다.

상상을 초월한다. 아주 어릴

세계를 묘사하는 여성의 이야기를

몸의 기능에 관한 체계적인

다른 하나는 예측 불가능한 것을 투사하기이다.

이것을 쓴다. 내가 '여자'라 할 때 불가피하게 싸우고 있는 여자를 충동)에서 여성들과 여성들의 보편적인 여성-주체를 의미한다. 두어야 할 것은, 일반적인 여성, 않는다는 것이다. 여성들을 그 그녀들의 특성이라고 여기게 했던 지속되는 그 억압에도 불구하고 지닌 것, 나는 그것을 말하려 것은 그들의 개별적인 구성이 무의식이 존재하지 않는 것과 예측 가능한 동선을 지닌 하나의 없다. 여성들의 상상력은 음악, 그녀들의 환상이 주조하는 것은 적부터 남몰래 드나들던 자기만의 듣고 경탄한 게 한두 번이 아니다. 실험과 성감대에 대한 정확하고 열정적인 질문으로 시작하는 같은 실천, 특히 자위행위에서 보이는 이 실천은, 쾌락의 구성, 아름다운 것을 새기면서 진정한 미적 활동을 동반한다.

않을 것이다. 그래서 나는 그녀가 선포하기를 희망했다. 다른 여왕들이 외칠 수 있도록. 나도 욕망들을 창안했고, 내 몸은 나도 눈부신 급류에 폭발할 듯한 화대에 매수되는, 판에 박힌 형태들로 폭발할 듯한 충만을 하지 않았고, 아무것도 보여 내 세계의 절반을 고쳐 칠하지 창피함과 두려움을 집어삼켰어. 이렇게 차오르는 것들, 이렇게 것들이 대체 다 무엇인가? 누구인가? 순진함에 젖어, (phallogocentrique)의 강력한 자신에 대한 경멸에 억류된 채

* [역주] 팔루스중심주의와 로고스중심주의 사이의 불가분의 관계를 강조하고자 자크 데리다(Jacques Derrida)가 고안한 표현이다.

탐구와 지식 생성의 세계. 이와

놀랍도록 풍부한 창의성을

순간마다 음성 이미지, 어떤

연장되거나 형태들을 생산하고,

아름다움은 더 이상 금지되지

그 유일무이한 왕국을 글로 쓰고

여성들, 고백하지 않은 다른

넘쳐흘러, 내 욕망들은 수많은

놀라운 노래들을 알고 있어,

충만을 느꼈고, 구린내 나는

형식보다 훨씬 더 아름다운

느꼈어. 하지만 나도 아무 말도

주지 않았어, 입을 열지 않았고,

않았지. 창피했거든. 무서웠고,

네가 미쳤구나! 혼잣말을 했지.

범람하는 것들, 이렇게 격발하는

이 펄펄 끓는 무한한 여자는

부모-부부-팔루스로고스중심

통치가 이끄는 몽매주의와 여성

자기가 지닌 힘을 창피해해

본 적 없는 그 여자는? 충동의

식겁해서(품행이 단정한,

고요함을 특징으로 한다고

괴물이라고 자책하지 않았던

말하고, 그러니까 새로운 것을

꿈틀대는 것을 느끼면서 자기가

그러나 그녀의 수치스러운 병,

난처한 일을

그대는 왜 글을 쓰지 않는가?

것이고, 그대는 그대를 위한

것이니, 그것을 취하라. 나는

있다. (그리고 내가 왜 스물일곱

그건 글쓰기가 그대에게는 너무

'위인들', 다시 말해 '남성 위인들'

말도 안 되지. 게다가 그대는

썼다. 그건 별로였는데, 그도 그럴

글쓰기를 벌했고, 끝까지 밀고

마치 우리가 남몰래 자위를

쓰면서, 더 멀리 가려 하지 않고,

환상적인 난리법석에 놀라고
정상적인 여성은 신성한……
믿게 했으므로), 자기 자신을
여자는? (노래하고, 글 쓰고,
끄집어내고 싶은) 기이한 욕구가
병들었다고 느끼지 않은 여자는?
그것은 그녀가 죽음에 저항하고,
만든다는 것이다.

글을 쓰라! 글쓰기는 그대를 위한
것이며, 그대의 몸은 그대의
그대가 왜 글을 쓰지 않는지 알고
이전에 글을 쓰지 않았는지 안다.)
높고, 너무 위대한 것이기에,
에게만 할애된 것이기 때문이다.
글을 조금 쓰긴 썼는데, 숨어서
것이 숨어서 썼기 때문에, 스스로
가지 않았기 때문이다. 아니면
하듯이, 어쩔 도리 없이, 글을
그저 긴장을 완화하고, 과잉의

고통을 멈추는 정도로만 했기
느끼자마자 서둘러 죄의식을
아니면 다음번까지 잊고,

글을 쓰라, 아무도 그대를
멈추지 못하리라. 남자도 그대를
기계(출판사는 그 기계 안에서
빼먹는 경제의 명령을 전달하며,
기능한다)도 그대를 멈추지
멈추지

여성들의 진정한 텍스트들,
텍스트들, 그건 그들 마음에 들지
불쾌감을 준다. 남성 독자들,
옥좌에 군림하는

나는 여성을 쓴다. 여성이 여성을
써야 한다. 따라서 이 글에서는
찾을 수 있을 텐데, 남성의
것인가 말하는 것은 남성의

때문이다. 그리고 오르가슴을

느낀다, 용서받기 위해.

묻어 두기 위해.

막지 못하고, 아무것도 그대를

멈추지 못하고, 멍청한 자본주의

우리 이익에 반하여 우리 등골을

교활하고 비굴한 중개자로

못하리라. 그대 자신조차 그대를

못하리라.

여성들의 성기들을 지닌

않고, 그들에게 두려움을 주며,

전집의 책임자들,

사장들의 낯짝.

써야 한다. 그리고 남성은 남성을

남성을 향한 간접적인 고찰만

남성성과 남성의 여성성이 어떤

소관이다. 남성들이 자기 자신을

바라보는 눈을 뜨게 될 때에야

상관 있는 일이

여자들이 먼 곳으로부터

'바깥'으로부터, 마녀들이 목숨을

'문화'가 못 미치는 저

그들이 무진 애썼던 그녀들의

단죄된 어린 시절들로부터

가진, 유폐된 여자아이들. 그

여자아이들. 불감증에 걸린

얼마나 요동치는가! 성(sexe)을

위협적인 회귀를 막고자 그들은

다시 시작해야 한다. 양쪽 모두

오랫동안 불안한 균형을 이룬 채

여기 그녀들이 돌아오니,

무의식은 탈취 불가능하기

비로소 그것은 우리와도

될 것이다.

돌아온다. 영원으로부터,

부지하고 있는 광야로부터.

아래에서부터, 그녀들이 잊게끔

어린 시절, 종신 감금 하도록

돌아온다. '점잖지 못한' 몸을

모습 그대로 얼어서 보존된

여자아이들. 그러나 그 아래는

단속하는 경찰들, 그녀들의

얼마나 애써야만 하는가. 매번

어찌나 힘을 썼던지, 투쟁은

교착 상태로 머물렀다.

영원으로부터 오는 이들.

때문이다. 사람들이 감금한

남성들은 여전히 그들의 섹슈얼리티에 관해 할 말이 많고, 쓸 것도 많다. 이유인즉 그들이 진술했던 것은 대체로 능동/수동의 대립 관계, 힘의 역학을 상정하기 때문이다. 이러한 힘의 역학에서 남성은 스스로를 의무적인 남성성, 침범하고 식민지화하는 남성성이라는 환상을 통해 파악하고, 이때 여성은 뚫고 들어가 '평정해야' 할 "검은 대륙"(continent noir)이라는 환상에 놓인다. (우리는 여기서 '평정하다'라는 표현이 타자의 무의식을 배제하는 작업, 자기에 대한 몰이해를 의미한다는 것을 알고 있다.) 정복하려 하다 보면, 금세 자기 나라에서 멀어지고, 자기 자신을 시야에서 놓치고, 자신의 몸도 잃게 된다. 남성이 자기 자신을 벗어나 여성을 타자로 보지 않고 자기 것으로 삼는 방식은 그에게서 몸의 영역을 박탈한다는 것을 그는 알고 있는가. 그가 자기를 자신의 페니스와 혼동하고, 공격적으로 달려드는 것을 봤을 때, 그가 여성에게 '사로잡혀', 그녀 안에서 자신을 잃거나 흡수되거나 혼자 남겨질 수 있다는 원한과 두려움을 느낀다는 것을 알 수 있다.

좁은 인형의 방에서 그녀들은
되는 치명적인 교육을 받았다.
아파르트헤이트 짓에 심히
그건 단지 한동안일 뿐이다.
이름을 말하는 그 순간부터,
아프리카이니까, 너는 검다고
검은 것은 위험하단다. 검은 것
겁을 먹잖아. 넘어질지 모르니
안 돼. 그리고 그 검은 것에 대한

그들은 여자들에게 가장 큰
은근슬쩍, 폭력적으로 여자들이
적이 되도록, 그네들의
행사하도록, 남성적 잡역의

그들은 그녀들을
만들었다! 자기가 갖지 않은 것
즐기는 나르시시즘! 그들은
비열한 논리를

빙빙 맴돌며 방황했고, 바보가

실제로 감금하고, 지연하며,

오랫동안 성공할 수 있긴 하지만,

그녀들이 말하기 시작하자마자,

그네들의 대륙은 검다고, 너는

가르칠 수 있다. 네 대륙은 거매.

안에서 너는 아무것도 볼 수 없고,

움직이지 마. 특히 숲에는 가면

공포, 우리는 그것을 내면화했다.

범죄를 저질렀다. 그들은

여자들을 증오하도록, 스스로의

무한한 힘을 자신들에 반하여

하수인이 되도록 했다.

반(反)나르시시즘적으로

때문에 호감을 살 때에만 스스로

반사랑(antiamour)이라는

만들었다.

조숙한 우리들, 문화에 억압된

입들, 꽃가루, 가쁜 숨결, 우리는

우리 도둑맞은 여자들. 우리는

폭풍 같은 여자들, 우리의 것이

우리는 약해질까 두려워하지

우리의 미소는 흘러내리고, 우리

우리의 피가 흐르고, 우리는

우리의 생각, 우리의 기호, 우리의

않고, 우리는 결핍을

우리는 행복할지니, 상속의

우리는 헐떡이지 않으면서

우리를 내쉬니,

영원으로부터 도착한 우리들,

누가 우리를

지금은 옛 여자에게서 새로운

새로운 여자를 알고, 그녀가

우리들, 재갈 물린 아름다운

미로들, 사다리들, 짓밟힌 공간들.

'검다' 그리고 우리는 아름답다.

우리에게서 떨어져 나가도

않는다. 우리의 시선은 사라지고,

모두의 입에서 터져 나오는 웃음,

고갈되지 않고 넘쳐흐르며,

글들, 우리는 그것들을 붙잡지

두려워하지 않는다.

무대에서 빠지고, 배제된 자들,

우리에게 영감을 불어넣고,

우리는 도처에 있다!

우리가 말을 하면, 이제,

가로막을 수 있으랴?

여자를 해방할 때이니, 그러려면

곤경에서 빠져나와 지체 없이

옛 여자를 초월함을 사랑해야

쪼개면서 단숨에 시위를 떠나는

되기 위해 새로운 여자가

나는 해야 한다고 말한다. 몇몇

글쓰기가 아직 없기 때문이다. 그

문화를 가로질러 온갖 문학을

없다는 사실에 당황해서 돌아올

(19세기부터 아주 조금 늘어나긴

주지의 사실이다. 그런데 이 또한

것이, 일종의 글 쓰는 여자들

여성을 은폐해서든, 여성에 관한

직관적이고, 공상적인 등등)을

조금도 다를 바 없는 대다수의

때문이다.

잠시 다른 이야기를 해 보자면,

말한다. 나는 유표된 글쓰기들이

그리고 지금까지 글쓰기가 훨씬

그렇다고 짐작하든 인정하든

그러면 우리가 '여성적'이라고 부를 수 있는 글쓰기는 어떤 것일까? 나는 여기서 몇 가지 예만 들 것이다. 거기서부터 여러 읽기를 배출해 내야 할 텐데, 그 읽기들의 의미작용에서 글쓰기 속 여성성으로 넘쳐 흐르는 것이 솟아날 것이다. 이건 내가 다른 데서 할 작업이다. [1974년] 현재까지 20세기 프랑스에서(이 분야에서 프랑스의 심각한 빈곤을 지적했던가? 영미권 국가는 단연 더 많은 자원을 가지고 있다) 써지게 끔 둔 것을 훑어 보면, 그런 예가 거의 없지만, 여성성이 기입된 것을 볼 수 있던 것은 콜레트(Colette), 마르그리트 뒤라스(Mar-guerite Duras), …… 장 주네(Jean Genet)에게서뿐이다.

하고, 조화롭게 파동을 모으고
화살처럼, 그녀 자신 이상이
될 것을 마중 나가야 한다.

예외를 제외하고 여성성이 기입된
수가 너무 적다 보니 시대, 언어,
섭렵하더라도,* 다져진 길이
수밖에 없다. 여성 작가의 수가
했지만) 극히 적다는 것은
무익하고 기만적인 앎에 불과한
가운데 표현 방식에 있어 그게
전통적인 재현 방식(감성적이고,
답습해서든, 남성적 글쓰기와
여성 작가들을 제해야 하기

나는 분명 남성적 글쓰기라고
있음을 분명하게 주장한다.
더 광범위하게 억압적이었음을,
간에, 그것이 리비도와 문화적인

* 나는 여기서 서양 세계가 여성에게 '부여한' 자리에 관해서만 언급한다.

경제, 그러니까 정치적이고

의해 관리되었음을, 또한 여성의

허구라는 기만적인 매력으로

재생산되었던 장소임을 주장한다.

성적 대립의 모든 기호를

여성이 단 한 번도 자기의 말을

이건 굉장히 심각하고 더욱이 용서

글쓰기란 변화의 가능성

솟구칠 수 있는 공간, 사회와 문화

움직임이기

글쓰기의 거의 전(全) 역사는

글쓰기는 이성의 결과이자

알리바이 중 하나이다. 글쓰기는

글쓰기는 자기 자신을 바라보고,

남근중심주의

전형적으로 남성적인 경제에

억압이 다소 의식적으로, 대개

은폐되거나 미화되어 위험하게

글쓰기는 (성적 차이가 아니라)

조잡하게 운반하는 장소이자

가져 본 적 없는 장소였는데,

불가능한 일이 아닐 수 없는 게,

자체이자, 전복적인 사고가

구조의 변형을 예고하는

때문이다.

이성의 역사와 혼동되며,

버팀목인 동시에 특권적인

남근중심주의적 전통과 동일했다.

스스로를 향유하고, 자찬하는

그 자체였다.

몇몇 예외를 제외하고. 수 세기 반복하던 거대한 기계 속에 그들이 없었다면 나(나-여자, 못했을 것이다. 전통에 이질적인 시인들, 사랑을 사랑할 줄 아는 타자들을 사랑하고, 그들을 여성, 당당하고 동등한 주체로 현실 사회의 틀 내에서 유지될 생각할 수 있는 남자들이 규범들을 깨부숨으로써 시인은 요지부동이기에 그녀의 출현은 적어도 요란한 폭발을 일으킨다. 사태가 근본적으로 변화하여 일시적인 야만성이 질서를 휩쓸어 생긴 균열 속에 시인은 여성을 von Kleist)가 그리했다, 결코 연인들 어머니 같은 딸들 원하다가 죽음에 이를 때까지. 그 즉시, 대가를 치러야 한다. 통제 피비린내

동안 자기 '진실'을 다듬고

낙오자들이 있었기 때문인데,

생존한 여자)는 글을 쓰지

무언가를 기어코 통과시키려던

남자들이 있었다. 그러니까

원하며, 억압에 저항하는

자리매김하는 여성, 말하자면

수 없는, '불가능한' 여성을

있었다. 이러한 여성을 부정하는

그녀를 원할 수 있었다. 보루가

필연적으로 혁명을, 아니면

때로 물질적인 전복에 의해

모든 구조가 한순간 방향을 잃고,

갈 때, 그 짧은 막간에, 지진으로

통과시킨다. 클라이스트(Heinrich

머리를 숙이지 않는 누이이자

어머니이자 누이들이 살기를

후 사법관들의 재판소가 재건되는

불능한 분자들에 대한 즉각적이고

나는 처형.

오로지 시인들만, 표상과

시인들만 그러하다. 왜냐하면

나오기 때문이며, 무의식,

억압된 자들, 즉 여성, 아니면

말했듯이 요정들이

여성은 자기 자신을 써야/써져야

여성의 역사에서 필수 불가결한

새로운, 항거하는 글쓰기의

변화는 우선 다음의 두 가지

이루어질

a) 개별적으로: 자기 자신을

몸으로 돌아온다, 몰수당하다

몸으로, 적진의 기이하게 낯선

몸으로, 너무 자주 품행이 나쁜

장소였던 그 몸으로 돌아온다.

동시에 호흡,

그대 자신을 써라/그대가 글로

결속된 소설가들이 아니라, 오직

시의 힘은 오직 무의식에서

경계가 없는 저편의 영역에는

호프만(E.T.A. Hoffmann)이

생존하기 때문이다.

한다. 해방의 순간이 도래했을 때,

결별과 변화를 가능케 하는 것은

창안이기 때문이다. 이때 결별과

불가분의 층위에서

것이다.

쓰면서/쓰이면서, 여성은

못해 그보다 더한 일을 당한

자, 환자, 혹은 망자가 되어 버린

동반자이자, 억압의 원인이며

몸을 검열함으로써 사람들은

말을 검열했다.

써지게 하라. 그대의 몸이

들리게끔 해야 한다. 그러면
것이다. 우리의 나프타, 그것은
수치화되지 않은 가치를 세상에
규칙을

글쓰기는 여성으로 하여금 자신의
자신의 섹슈얼리티, 여성으로서의
관계를 '실현할' 행위일 뿐 아니라,
봉해진 채 유지되어 온 무한한
또한 여성을 항상 죄인의 자리
욕망을 가져서, 욕망을 갖지
'뜨거워서', 동시에 둘 다 아니어서,
어머니가 아니어서, 자식이
먹여서 젖을 먹이지 않아서……)
여성 자신의 경이로운 텍스트를
통해 여성을 끄집어낼 행위로,
법을 속히 배워야 한다. 몸이
앞을 보지 못하는 여성은 훌륭한
투사의 시녀, 그의 그림자로
쉬는 것을 방해하는 가짜 여성을

무의식의 무한한 자원이 분출할

달러도, 금도, 석유도 없이

퍼뜨릴 것이고, 고릿적 게임의

바꿀 것이다.

고유한 힘에 접근하게 함으로써

자기 존재에 관한 탈-검열화된

여성에게 재산, 쾌락, 기관들,

몸의 영역을 돌려주는 행위이다.

(여성은 매번 모든 점에서 유죄이다.

앓아서, 불감증에 걸려서, 너무

지나치게 어머니여서, 충분히

있어서 자식이 없어서, 젖을

에 두는 초자아화된 구조에서

연구·분석·조명하는 작업을

여성은 이러한 텍스트를 말하는

부재한 여성, 말하지 않는 여성,

전사가 될 수 없다. 그녀는 남성

축소된다. 살아 있는 여성이 숨

죽여야 한다. 온전한 여성의

숨결을

b) 또한 글쓰기는 여성에 의한
언제나 여성 억압 위에 형성된
입장을 기입하는 행위이다.
단련되게끔 글을 쓰기. 모든
소송에서 마침내 그녀의 뜻대로,
이해관계자이자

지금은 문어(文語)와 구어(口語)

모든 여성은 구두로 말할 때의
쿵쾅대고, 때로는 언어를 잃고
사라진다. 여성이 공식 석상에서
것은 만용이며 위반이다. 이중의
하더라도 그녀의 말이 가닿는
때문이며, 그가 듣는 것이라고는
것뿐이기

여성은, 여성으로부터 여성을

새기기

말의 장악을 기입하는 행위로,

역사 속에 여성의 요란스러운

반(反)로고스적 무기가

상징 체계 속에서, 모든 정치적

그녀 자신의 권리를 위해

전수자가 되기 위해서.

안에 여성이 일격을 가할 때이다.

고통을 경험한 바 있다. 가슴이

추락하고, 땅이 꺼지고, 혀가

말한다는 것, 심지어 입을 여는

슬픔이다. 설사 그녀가 위반을

곳은 거의 항상 귀먹은 남성이기

언어 속 남성으로 말하는

때문이다.

향해 글을 쓰면서, 그리고

팔루스가 지배하는 담론의 도전에
그녀에게 부과된 자리, 즉 침묵이
긍정하게 될 것이다. 그녀를
가장자리나 규방으로

집회에서 한 여성이 말하는
호흡을 잃지 않았다면) 들어
허공에 자신의 떨리는 몸을
비상하고, 목소리 속에 자기를
몸으로 생생하게 그녀의 담화
진실을 말한다. 그녀는 스스로를
생각하는 것을 육체적으로
의미화한다. 어떤 면에서 그녀는
왜냐하면 충동의 통제할 수
거부하지 않기 때문이다. 그녀의
때조차 단순하거나 단선적이지
않는다. 그녀는 역사 속에

보통 남성이 구어로 된 담화의
만드는 그런 단절과 분리는

응하면서, 상징 안에, 상징으로

아닌 다른 방식으로 여성을

침묵의 덫에서 벗어나게 하라.

그녀를 내몰도록 두지 말라.

것을(만약 그녀가 허망하게

보라. 그녀는 '말하는' 게 아니라,

내던지고, 스스로를 놓아 버리고,

송두리째 실어 보내고, 자기

'논리'를 지탱한다. 그녀의 육신이

드러낸다. 그녀는 실제로 자신이

구현하고, 자기 몸으로 그것을

자기가 한 말을 기입하는데,

없는 부분과 말에 대한 열정을

담화는 '이론적'이거나 정치적일

않고 일반화된 '객관성'을 띠지

자기 이야기를 끌고 간다.

논리와 텍스트의 논리 사이에

존재하지 않는다. 그는 지배에

대한 예속적이고 계산적인 오래된

그렇기에 입술 끝으로 내뱉는

움직이는 담론은

여성적 말, 여성적 글쓰기 속에는

은근하고 깊숙하게 우리에게

우리를 감동시키는 힘을 간직하고

여성이 생생히 보존하는 최초의

있다. 목소리에 대한 이 특별한

그 어떤 여자도 남자만큼 반(反)-

올리지 않기 때문이다. 그대는

쌓아 올리지도 않으며, 남자들이

멀어지지도 않는다. 비록

전반적으로 오염시키긴 했지만,

말하는 어머니는 역할로서의

기능하는 어머니가 아닌, 선의

어머니이다)로부터 멀리 떨어져

언제나 좋은 어머니의 젖(lait-

있다. 그녀는 흰 잉크로

관계에 의해 긴장된 채 있다.

인색한 담론, 몸의 극히 일부만

그를 더 위장한다.

예전에 우리를 가로지르면서

와닿았던 것이 끊임없이 반향하며

있고, 노래, 최초의 음악, 모든

사랑의 목소리를 담은 음악이

관계는 어떻게 가능한 것일까?

충동적인 방어 기제를 쌓아

남자처럼 떠받치지 않고, 돌을

그랬듯 쾌락에서 '신중하게'

팔루스적인 기만이 좋은 관계들을

여성은 결코 '어머니'(내가 여기서

어머니가 아니며, 이름으로

원천[source des biens]으로서의

있지 않다. 적어도 여성 안에는

de-mère)이 조금이나마 남아

글을 쓴다.

여성들을 위한 여성. 여성 안에는

여성을 생산하는 힘이 보존된다.

주고-베푸는 여성 안에는, 그녀

자식이고, 그녀 자신이 자기

그대는 내게 묻는다. 그러면

히스테릭한 자녀인가요?

줄 때 모든 것이 바뀔 것이다.

채비가 되어 있는 원천, 타자를

하나의 은유이다. 여성이 자신을

몸을 사랑으로 되돌려주기

자신이 가진 가장 최상의 것을

그대여, 그대가 그걸 원한다면,

나에게 다오, 이름 없이 살아 있는

어린 시절(그녀였고, 현재 그녀인

바로 그곳에서 그녀가 만들고,

관계만큼이나, 감미로움과

관계는 단절되지 않았다.

타자를 생산하는 힘, 특히 다른

모태적이고-가만히 흔들어 재워

자신이 자기 어머니이자 자기

딸이자 자매인 여성 안에는.

나쁜 어머니를 둔 여자는

여성이 다른 여성에게 여성을

여성 안에는 잠재적이고 항상

위한 장소가 있다. 어머니 또한

사랑하고, 자기에게서 '태어난'

위해서는 다른 여성에게 그녀

받아야 하고, 그걸로 충분하다.

나를 만지고, 애무해 주고,

여자여, 나 자신과 같은 나까지도.

아이, 그녀 자신이 타자가 되는

다시 만들고, 해체하는 아이)과의

폭력으로서의 '어머니'와의

텍스트, 나의 몸. 노래하는

흐름의 횡단. 나에게 귀 기울여

매달리는 '어머니'가 아니라,

하고, 그대의 가슴으로부터

그대의 힘을 발산하는

그건 그대를 웃게 하는 리듬이고,

불가능한 몸(들), 영혼 혹은

하는 내밀한 수신자이다. 그건

간격을 벌리고, 그대가 여성의

그대의 일부이다. 여성 안에는

저항하는 어머니, 단절되게

헐떡이게 하는 힘이 다소간 있다.

형태와 모든 시간으로부터

"We are all lesbians."◎ 미국

다시 말해 여성을 깎아내리지

여성에게

여성의 충동적인 '경제'는

취하면서 남성적인 절약에

직간접적으로 변화시킬 수밖에

생각하고 싶어 하는 것보다 훨씬

◎ [역주] 원문에 "우리는 모두 레즈비언이다"라는 뜻의 문장이 영어로 표기되어 있다.

보오, 그건 성가시게 달라붙고

그대를 만지면서 감동하게

언어로 오도록 그대를 충동하며,

모호한목소리(équivoix)이니까.

모든 은유, 신만큼이나 묘사

타자를 가능케 하고, 욕망하게

그대 안에 들어가서 그대의

문체를 새기도록 이끄는

늘 복원하고, 먹이고, 이별에

내버려두지 않는 힘, 규범들을

우리는 여성의 몸의 모든

여성을 다시 생각할 것이다.

여성들이 우리에게 상기한다.

말라, 그들이 그대에게 한 짓을

하지 말라.

아낌없기에, 여성은 발언을

바탕을 둔 모든 교환 체계를

없다. 여성의 리비도는 사람들이

더 급진적으로 정치적·사회적

[역주] 식수의 조어. '애매한, 모호한'이라는 의미를 지닌 프랑스어 'équivoque'는 라틴어 aequivocus에서 유래했다. 이때 'vocus'는 'vox', 즉 목소리(voix)와 어원이 동일하다. '모호한'이라는 단어의 의미를 유지하면서 동시에 '목소리'라는 단어의 어원적 특성을 부각해 이러한 말을 만든 것으로 추정된다.

개편이라는 효과를

살아 있는 그녀, 그녀가
우리는 새로운 역사의 시초에
서로 교차하는 다수의 역사
요하는 주체로서 여성은 언제나
그녀는 통합하고 정리하는
한 방향으로 몰아 모순들을
귀결시키는 역사를 탈-사고한다.
역사, 그녀의 개인적인 역사와
교차한다. 그녀는 여전사로서
보아야 한다. 단발적으로 그치지
역학을 변화시키거나 총알을 다른
것을 이루리라 예견한다. 여성
변화, 모든 관습의 변화를 이끌
것뿐 아니라, 실제로는 더 큰
중인-여자이기 위해서 계급 투쟁
부정해야 한다는 게 아니다. 다만,
밀고 나가, 근본적인 투쟁으로
여타 어떤 계급 또는 민족의

불러올 것이다.

영원으로부터 도착하기에
있다, 아니 그보다는 오히려
되기의 시초에 있다. 역사를
동시에 여러 장소에서 발생한다.
역사, 힘들을 동질화하고
단 하나의 전장(戰場)의 실험으로
여성 안에는 모든 여성들의
국가의 역사, 세계의 역사가
일체의 해방과 단결한다. 멀리
말고. 그녀는 여성 해방이 힘의
진영으로 쏘아 보내는 일 이상의
해방은 인간관계의 변화, 사고의
것이다. 비단 계급 투쟁에 관한
운동을 야기할 것이다. 투쟁(들)-
바깥으로 나와야 한다거나 그것을
계급 투쟁을 열고, 균열을 내고,
채워야 한다. 계급 투쟁이나
해방 운동이 억압적인 심급으로

작동한다든지, 불가피한 일, 다시
방식을 근본적으로 뒤흔드는
작동하지 않게끔. 그 변화는 이미
미국에서는 수백만의 두더지들이
미국적 사회성을

새로운 역사가 도래한다,
남성적 상상력을 초월하며,
정형외과술을 박탈할 것이고,
파괴하기

여성적 글쓰기를 정의하기란
이론화하고, 가둬서 코드화하기란
유지될 테지만, 그렇다고 해서
아니다. 그러나 여성적 글쓰기의
지배하는 담론을 넘어선다.
지배에 종속된 땅이 아닌
것이다. 여성적 글쓰기는 기계적
어떤 권위도 굴복시키지 못하는,
생각될

말해 권력관계와 개별성의 생산

변화를 뒤로 미루는 핑계로

여기 있다. 예를 들어

가족을 폭파하는 중이며,

해체하는 중이다.

그건 꿈이 아니고,

그렇기에 그들에게 개념적인

속임수를 쓰는 그들의 기계를

시작할 것이다.

불가능하며, 이러한 실천을

절대 불가능하기에 그 불가능성은

그게 존재하지 않는다는 말은

실천은 언제나 남근적 체제를

여성적 글쓰기는 철학적-이론적

곳에서 행해지고 있고 행해질

자동주의를 파괴하는 주체들,

경계를 누비는 자들에 의해서만

것이다.

하지만 이것은 경제적-형이상학적 틀 속에서 이루어지며, 그 한계가 분석되지 않고, 이론화되지도 않았기에 (현재로서는 예측하기 힘든 어떤 변화가 일어나지 않는 한) 이 운동의 영향력은 금세 가로막히고 차단될 것이다.

따라서 여성적 글쓰기의 자유로운

이행과 가깝고 먼 경로들을

상기하는 것으로 시작한다.

남성들의 법에 귀속시킬

형성되어 왔으나, 그것은 단지

환원 불가한 여성성의 효과들을

더 격렬하게, 더 빨리 나올

비평가들, 작가들은 그들의

남성적 글쓰기 사이의 구분

주저하거나 대놓고 부정하는데,

사람들은 성차를 떨궈 내면서

글쓰기는 그것이 빛을 보는 한

이것도 결국 같은 말이긴 하지만,

동일한 것이라고(그러니까 글

손에 쥔 셈이다). 아니면 더

그러므로 모든 차이화를

말할 것이다. 글쓰기라는 것이

비상을 분명히 내보이고, 그것의

알릴 필요가 있다. 우선 다음을

1) 성적 대립은, 글쓰기마저

정도로 항상 남성에게 유리하게

역사-문화적 한계일 뿐이다.

만들어 낼 픽션이 있고, 앞으로

것이다. 2) 대다수의 독자들,

성별과 무관하게 여성적 글쓰기와

가능성이나 타당성을 인정하길

이는 뭘 모르고 하는 소리이다.

보통 이렇게 말할 것이다.

여성적이라고, 아니면 반대로,

글쓰기 행위는 남성적 자위와

쓰는 여성은 종이로 된 페니스를

나아가 글쓰기는 양성적이고,

추방하는, 중성적인 것이라고

바로 (사이 안에서) 사이를

작업하고, 동일자와 타자 간의
살 수 없다—를 살피고, 죽음의
것은 우선 둘, 둘 다를, 하나의
것이다. 그 둘은 투쟁이나 배척,
고정된 연쇄에 갇혀 있지 않고,
끊임없이 이루어지는 변환적
무한히 활성화되며, 오직 타자의
인식하고 다시 시작한다. 그것은
동일자가 타자 속에서, 타자
만남과 변화가 따르는 여정으로,
취한다(그리고 남자 쪽에서도
이야기이다).

나는 분명 '양성적이고 그러므로
양성성에 관한 고전적인 개념을
고전적인 개념은 거세의 공포라는
반쪽으로 구성된) '완전한' 존재에
보는 작업처럼, 위협적인 분할
감추고자

전개―이 전개 없이는 아무것도

작업을 해체하는 일임을 인정하는

전체와 또 하나의 전체를 원하는

혹은 다른 종류의 처형이라는

서로 다른 주체 사이에서

교류(échangement)[1]를 통해

살아 있는 경계로부터 자신을

다양하고 무궁무진한 여정,

안에서 경험하는 수천 번의

거기에서 여성은 자신의 형태들을

그러한데, 그건 또 다른

중성적'이라고 말했는데, 이는

참조한 것이다. 양성성에 관한

기호에 복종한 것으로, (두 개의

관한 환상에 기대어, 차이를 손해

가능성의 표징처럼 느껴

한다.

[1] [역주] '교환하다'를 의미하는 프랑스어 단어 'échanger'와 '변화'를 의미하는 'changement'을 결합한 조어이다.

거세를 피하고자 이렇게 융합하고
내거는 작가는 양성적이라고
여성적이지도 않다는 것을 보게
양성성을 대립시킨다. 그건
연극에 같히지 않은 주체가
양성성이다. 양성성, 다시 말해 각
다양하고 뚜렷하게 드러나는
차이를 배제하지 않고
스스로에게 허락하는 이러한
다른 몸의 모든 부위에

이와 같이 망아지경에
무효화하기는커녕 차이를
지금은 역사-문화적인
열려 있고 그 수혜를 보는 것은
양성적이다'. 남성이 단일한
길들여져 왔다는 것은 주지의
우위를 지나치게 주장하고
이데올로기는 하나 이상의
나는 왕홀의 거대한 그림자에

말소하는 양성성(이런 양성성을

쓰지만, 결코 남성적이지도

될 것이다)에 나는 또 다른

남근중심적 표상이라는 거짓

각자의 에로틱한 세계를 세우는

성별에 따라 개별적인 방식으로

두 가지 성의 현존을 탐지하는 것,

하나의 성을 배제하지 않는 것,

'허용'에서 출발하여 나의 몸과

욕망의 기입 효과를 증식하는 것.

이른 양성성은 차이들을

부추기고 추적하며 보태는데,

이유들로 이러한 양성성에

여성이다. 어떤 면에서 '여성은

남근적 섹슈얼리티를 추구하도록

사실이기 때문이다. 남근의

적용한 나머지 남성우월주의적

희생자를 낳았다. 여성, 여성인

몽롱하게 있었고, 사람들은 내게

말했다. 그것, 네가 휘두르지

동시에 사람들은 남성에게

없는 운명을 만들어 주었는데,

달린 단 하나의 우상으로

그리고 프로이트(Sigmund

지적하듯이, 남성은 여성이기를

지녔다! 왜냐하면 정신분석이

남성의 섹슈얼리티에서

(그 억압은 남성들이 표출하듯이

형성되었다면, 정신분석학은

보고를 하기 때문이다. 모든

정신분석학은 남성적인 것을

결과들 중

여기서 우리는 오래된 프로이트의

있는 석화된 남성을 만나게 될

개념화한 곳에 옮겨 놓은 대로,

거세의 결핍으로부터 '안전한'

남성들의 '상징계', 그것은

우리, 혼란을 야기하는 우리

못하는 그것을 숭배하라. 그러나

그 그로테스크하고 부러울 것

생각해 보라, 진흙 불알이

축소되는 운명을 말이다.

Freud)와 그의 후계자들이

너무나 두려워하는 운명을

여성으로부터 만들어졌고,

여성성을 억압함으로써

그다지 성공을 거두지 못했다)

오늘날 거의 반박할 수 없는

'인문'과학과 마찬가지로,

재생산하며, 그 남성적인

하나이다.

터에 아주 뻣뻣하게 늘 서

것이다. 언어학이 그를 '새로이'

라캉(Jacques Lacan)은 남성을

팔루스의 성역에 보존한다.

존재하며, 권력을 갖고 있다.

여자들은 그것을 너무 잘 안다.

그러나 아무것도 우리로 하여금
삶을 위탁하도록 강요하지 않고,
참사로 받아들이게 하지 않으며,
다시 띄우도록 강요하지
않기 때문이다. 우리는 지고의
여성으로서 부정적인 것에 충성을
여성적인 것(시인들은 이를
and yes I said yes I will Yes."
너머의 새로운 글쓰기로
그래, 나는 말했다.

"검은 대륙"은 검지도 않고
탐사되지 않은 까닭은 우리로
어둡다고 믿게 했기 때문이다.
기념비들이 있는 흰 대륙이라고
우리는 믿었다. 사람들은 우리를
즉 메두사와 심연 사이에서
계속되지 않았다면, 세계 인구의
것이다. 팔루스-로고스중심주의는
거세라는 도그마에 뿌리내린

남성의 결핍의 은행에 우리의

주체 형성을 번번이 모욕적

아버지의 종교라는 난파선을

않는다. 우리가 그것을 원치

구멍 주위를 맴돌지 않는다.

맹세할, 하등의 이유가 없다.

짐작했다)은 긍정한다. "[……]

그래, 『율리시스』를 모든 책

데려가면서 몰리가 말하길.

그래 나는 원해.

탐사 불가능하지도 않다. 아직

하여금 그곳이 탐험하기에는 너무

그리고 우리의 관심사는 결핍의

믿게 했기 때문이다. 그리고

두 개의 끔찍한 신화,

옴짝달싹하지 못하게 했다. 이게

절반이 박장대소를 하고도 남았을

여전히 계승되고 있고,

낡은 도식을 재생산하고

수호하기 때문이다. 그들은
그들의 욕망이 현실인 것으로
떨 테니, 우리가 그들에게
보여 줄 테다!

여자들이 남자가 아니라는 사실,
것을 알고 주저앉는다면, 그건
두려움이 그들에게 도움이 되지
거세되지 않았다는 것, 역사의
노래(왜냐하면 세이렌, 그건
귀 기울이지 않기만 해도 된다는
위해서는 정면으로 바라보는
치명적이지 않다. 그녀는

그들은 표상 불가능한 것이
여성의 성기가 그것이다. 그들이
있었기 때문이다. 그들이 겁에
그들 자신을 위해서! 그들은
페르세우스들이 벌벌 떨면서,
방패/부적으로 무장한 채

아무것도 바꾸지 않았다. 그들은

이론화했다! 그들, 사제들은 벌벌

우리의 섹스트들(sextes)✻을

혹은 어머니에게 그것이 없다는

그들에게 딱한 일이다. 하지만 그

않던가? 진정 최악은, 여성이

방향을 바꾸기 위해서는 세이렌의

남자들이기 때문이다)에 더 이상

사실이 아닐까? 메두사를 보기

것으로 충분하다. 메두사는

아름답고 그녀는 웃고 있다.

두 가지 있다고 말한다. 죽음과

여성성을 죽음과 결부할 필요가

질려 눈을 가린다!/발기한다!

우리를 두려워할 필요가 있다.

뒷걸음질 치면서 배젖 모양의

우리에게 다가오는 것을 보라!

등짝 한번 예쁘구나! 1분도 더

서두르자. 그 대륙은 헤치고

아니다. 나는 자주 거기에

반갑게도 장 주네를 만났다.

funèbres)에서였다. 주네는

도착했다. (극소수이긴 하지만)

남자들이

여성들이 여성성에 관해 쓴

섹슈얼리티, 그러니까 그

관해, 여성들의 에로틱한 표현에

신체 부위의 번쩍이는 작열에

이러한 충동의 모험, 여행, 횡단,

완만한 깨어남, 얼마 전까지

드러난 영역의 발견에 관해서.

여성의 몸, 여성이 그 몸으로

온몸을 관통하는 의미의 팽창을

오래된 모어에 하나 이상의

낭비할 수 없다. 나가자.

들어갈 수 없는 검은 대륙이

갔다. 언젠가 거기서

그건 『장례식』(*Pompes*

거기에 그의 연인 장에게 이끌려

여성성을 두려워하지 않는

있다.○

○ 다음을 참조할 것. Jean Genet, *Pompes funèbres*, *Œuvres complète*, t. 3, Gallimard, 1953, pp. 185–186.

것은 차고 넘친다. 그녀들의

무한하고 유동적인 복합성에

관해, 그토록 미세하고 거대한

관해, 운명에 관해서가 아니라

흐름에 관해, 급작스럽고도

소심하게 있다가 방금 전 불쑥

1001개의 불타는 아궁이를 가진

멍에와 검열을 깨부수고 사방으로

발화할 때, 단 하나의 밭고랑만 낸

언어가 울려 퍼질 것이다.

우리는 사람들이 부끄럽게도
터무니없는 정숙함으로
몸으로부터 멀어졌다. 사람들은
다른 성별을 사랑할 것이라고.
테니 그대는 내 몸을 다오. 하지만
넘겨준 몸을 여성들에게 주는가?
왜 이리도 적은가? 자기 몸을
때문이다. 여성은 자기 몸으로
수사법, 규칙, 규범을 파열하는
한다. '침묵'이라 말해야 하는
염원하면서 '불가능'이라는
'끝'이라 써 버리는 담론을
남겨 둔 담론을 침몰시키고,

이런 것이 여성적 힘이다. 통사
탯줄의 대체 격인 지독한
말한다), 늙은 어머니가 항상
것을 지켜본다는 것을 확인시켜
오르가슴을 느낄 수 없는 그 끈을
것으로 나아갈

무관심하도록 가르치고,

후려치도록 가르친 우리의

우리에게 협잡을 부렸다. 각자

내가 그대에게 그대의 몸을 줄

어떤 남자가 그들에게 맹목적으로

그것에 관해 이야기하는 텍스트가

되찾은 여성이 아직 너무 적기

글을 써야 하고, 분립, 계급,

난공불락의 언어를 창안해야

것을 비웃는 담론, 불가능을

단어 앞에 단번에 멈춰서 그것을

비롯해, 마지막 유보 조항으로

꿰뚫고, 뛰어넘어야 한다.

구조를 휩쓸고, 남성들에게

끈(그들은 얇디얇은 끈이라고

뒤에서 그들이 팔루스를 행하는

주는 끈, 그것 없이는 그들이

끊으면서, 그녀들은 불가능한

것이다.

그들 문화와 그들 사회에서

그것은 여태 한 번도 해방된 적

무시무시한 억압에 걸맞은,

회귀일 것이다. 왜냐하면

말소되었거나, 가장 높고 가장

때문이다. 귀를 먹먹하게 하는

여성들은 내내 꿈속에서, 몸으로,

실성(失聲)한

그리고 연약함 속에서 얼마나

비할 데 없는 힘에 상응하는

여성들은 승화시키지 않았다.

에너지를 건질 수 있었다.

길을 개조하려고 애쓰지 않았다.

격렬하게 살았다. 놀라운

모세 같은 혼을 관능적이고

몸-에서 온-단어들(mots-de-

'억압된 것'이 되돌아온다면,

없는 힘의 폭발적인 회귀, 가장

완전히 파괴하는, 전복적인

팔루스 시대 말기에 여성들은

격렬한 흥분으로 달궈졌을 것이기

그들의 역사가 지속되는 동안

하지만 침묵한 채 묵묵히

저항으로 살아왔다.

강인하게 살았던가. 여성들의

'연약함', 취약성 속에서.

다행히도, 그녀들은 목숨과

여성들은 미래 없는 삶의 막다른

그녀들은 그 화려한 몸속에서

히스테리 환자들은 프로이트의

정열적인 몸-으로 된-단어들/

corps)로 폭격하고, 들리지

않는 벼락 같은 고발로 그를
정숙의 베일 아래 더없이 맨몸을
프로이트에게 이루 말할 수 없는
몸의 단 한 마디 말로 남성들의
역사로부터 화살처럼 떨어져
새겨 놓은 여자들, 그게 바로
이 여성들은 새로운 여성들을
어떤 상호 주관적 관계도 이전과
그대, 도라(Dora)이다, 그대,
기표의 진정한 '여주인'. 그대의
볼 것이다, 그대의 말이 더
가슴을 향한 뽀족한 끝이

몸으로: 사회적 성공과 승화를
더 몸이다. 더 몸이기에 더욱
가혹 행위, 가족-부부의 예속화
시도들에 몸으로 응답해 왔다.
곱한 만큼 입안에서 혀를 돌리고,
여자는 그래서 죽었든지 아니면
잘 안다. 지금, 나-여성은 법을

사로잡으면서, 일곱 겹의

드러낸 채 찬란한 모습으로

쾌락의 순간을 안겨 주었다.

성경적-자본주의적 사회의 전(全)

나와, 역사의 엄청난 도취를

그녀들이니, 과거에 사형당한

앞서가고, 그녀들 이후에 오는 그

같을 수 없을 것이다. 그건 바로

길들일 수 없는 여자, 시적인 몸,

효력, 우리는 그걸 내일 이전에

이상 억눌리지 않을 때, 그대의

타자를 추구하면서 써질 때.

권유받은 남성보다 여성들은

글쓰기이다. 여성은 오랫동안

시도, 여성을 거세하려는 반복된

입을 열기 전에 만 번에 일곱 번을

결국 말을 하지 않는 여자, 그

자기 혀와 입을 어느 누구보다

폭파할 것이다. 이제 폭발이

가능하고 불가피하다. 그리고 일어나야

옛 무의식적 자동성에서 제대로 함정에 빠지지 말자. 언어 안에 걱정할 필요도 없는데, 그들의 문법이기 때문이다. 그곳도 더 이상 그들의 것만이 맡겨서는

여성은 항상 상대의 시니피앙을 남성의 담론 '안'에서 기능했다. 시니피앙이 지닌 특별한 에너지를 여성의 너무나도 다른 음을 탈구할 때이며, 그것을 폭파하고, 만들 때이고, 그녀의 입속에 혀/언어를 깨물고, 그에 덤벼들기 때이다. 얼마나 능숙하게 그녀/ 그 '안'으로부터 거품 같은 침으로 솟아오를 수 있는지,

폭발은, 당장, 언어 안에서

한다.

벗어나지 못한 분석이 걸려드는

무적의 적수가 있지 않을까

그건 남자들의 언어이고

우리가 그들의 차지가 아니듯이

아니니, 그들에게 그곳을

안 된다.

가리키는 시니피앙으로서 언제나

그런데 상대 시니피앙은 여성의

무효화하거나 깎아내리고,

질식시키기에 이제는 그 '안'을

뒤엎고, 탈취해서 자기 것으로

그것을 넣고 붙잡아 이빨로 그

위한 하나의 언어를 창안해 낼

언어가, 웅크려 잠들어 있던

넘쳐나는 두 입술 사이로

그대는 보게 될 것이다.

그들의 도구, 그들의 개념,
아니고, 그들이 점유했던 지배의
아니다. 우리는 동일화의 위험이
굴복시키지는 않는다. 이런 것은
맡겨 두자, 지배를 위한 작동 방식,
작동하는지' 알고자 하는 그들의
내면화하거나 조작하기 위해
단숨에 가로지르고,

비행하기, 그것은 여성의 행위로,
비행하게 하기. 우리는 모두
익혔고, 수 세기 전부터 비행을
가능성을 얻었다. 우리는 비행
욕망의 좁고 숨겨진 통로들을
'비행하기'가 두 개의 비행들
비행을 모두 향유하고, 의미의
그건 우연이 아니다. 이건 우연이
닮았듯이 여성이 새와 도둑을
지나간다, 그-녀들이 도망간다,
어지럽히고, 혼란을 일으키고,

그들의 자리를 가로채자는 것이

지위/체위를 차지하려는 것도

있음을 알지만, 그것이 우리를

불안한 자들, 남성적 불안에

'작동시키기' 위해 '어떻게

강박적인 관계에 맡겨 두자.

탈취할 것이 아니라,

'비행하기'(voler)⑨.

언어 속에서 비행하고, 언어를

비행으로부터 오만 가지 기술을

통해서만 그 기술을 획득할

속에서 살았고, 비행하면서

찾아내고, 횡단하면서 살았다.

사이에서, 하나의 비행과 다른

경찰을 따돌리면서 행해진다면,

아니다. 도둑이 여성과 새를

닮았다는 것. 그-녀(illes)들이

그-녀들이 즐거이 공간의 질서를

가구와 사물이 지닌 가치들의

⑨ [역주] 프랑스어 'voler'는 '날다'와 '훔치다'라는 두 가지 의미를 지닌 동음이의어이다. 이 구문에서 식수는 두 단어를 한꺼번에, 동시에 들리게 하는 방식을 취한다. 의미가 완전히 동일하지는 않으나, '비행'이라는 한국어는 '공중으로 날아가다'(飛行)는 의미 외에도, '잘못되거나 그릇된 행위'(非行)와 '도덕에 어긋나는 너절하고 더러운 행위'(卑行)를 뜻한다. 두 단어가 '절도'와 의미가 일치하지는 않지만 규범에 어긋나는 행위를 뜻한다는 점에서 통하는 바가 있다고 보아 원문의 동음이의를 살리고자 이와 같이 옮긴다.

위치를 바꾸고, 파손하고,
뒤죽박죽으로

비행하지 않은 여성은 누구인가?
느끼고, 꿈꾸고, 행해 보지 않은
고장 내고, 조롱하지 않은 자 누가
새기고, 쌍과 대립의 체계에
계승된 것, 사슬에 묶인 것,
벽을 위반적인 행위로 땅바닥에
않은 자

여성적 텍스트는 반드시 전복적인
그건 남성적 투자가 지닌, 오래된
들어 올리면서 써질 수밖에 없다.
자리가 없다고? 그녀가 그녀-
제도의 구조들을 산산조각 내고,
웃음으로 '진실'을

왜냐하면 여성이 상징계 속에
그 길을 '개인적인 것', 그녀의

구조를 치우고, 고유한 것을

만든다.

사회성을 저지하는 행위를

자가 있는가? 분리의 막대기를

있는가? 자기 몸으로 차이를

구멍 내지 않은 자 누가 있는가?

주변을 융합하는(circonfusion)✑

내팽개쳐 끝장내려고 해 보지

누가 있는가?

것 그 이상이다. 그것이 써진다면,

부동(不動)의 껍데기를 화산처럼

그녀가 그가 아니면 그녀를 위한

그녀라면, 모든 것을 부숴 버리고,

법을 공중에 날려 버리고,

비틀어 버릴 일만 남았다.

자기 길을 트자마자, 그녀는

대명사들, 그녀의 이름들, 그녀의

지시 대상들 패거리로 이뤄진
만들지 않을 수 없기 때문이다.
오랜 기간 여성 살해의 역사가
식민지 피지배자, 노동자, 민중,
동원된 종(種)이 알고 있듯이,
그 경험으로부터 원대함에의
욕망을 끌어낸다. 갇힌 자들이
공기의 맛을 더 잘 아는 법이다.
덕분에 남성들이 한참 후에야
알고, 원할 줄) 안다. 나는 여성이
말한다. 법, 거짓말, 협박, 결혼을
자기 자신일 권리를 강탈당했고,
겪는 와중에도 '고유성'의 부질
경제가 지닌 편협함을 목도할
저항한다. 한편에서 여성은
않고서도 자기의 일부를
형성되었다. 그러나 살며시,
스스로를 확장하고 증식한다.
살아가는 것에 관해, 그리고
관계에 관해, 모든 남성보다 훨씬

카오스모스(chaosmos)로

그럴 수밖에 없는 것이,

있었을 것이기 때문이다. 과거

남성의 역사가 금을 축적하는 데

박해라는 치욕을 당한 이들은

욕망이라는 미래의 끈질긴

가두는 자들보다 자유로운

오늘날 여성들은 그녀들의 역사

생각할 수 있는 것을 (행할 줄

'개인적인 것'을 전복한다고

통해 여성은 자기 이름과 동시에

그녀는 극도의 자기 상실을

없음과 남성적-부부의 주관적

수 있었으며, 이에 이중으로

필연적으로 자기 자신을 상실하지

상실할 수 있는 그런 '사람'으로

말없이, 내면 깊숙한 곳에서

왜냐하면 다른 한편으로, 여성은

충동의 경제와 자아 관리 사이의

더 잘 알고 있기 때문이다. 자신의

지위, 유가 증권, 가치의 음낭/

자기 통제하에 있는 모든 것에

여성은 참수(혹은 거세)에 대한

안에서 남성처럼 벌벌 떨지

파묻히지 않고서 녹아들 줄 안다.

나는 증여의 온갖 기만적인

당연히 여성은 니체가(Friedrich

기대하면서만 주는 그런 여성이

남성이 아니고서야 어느 누가

생각할 수

여성의 '고유성'이 있다면, 그건

탈-고유화하는 여성의 능력에

없고 주요 '부위들'이 없는 몸.

하나하나가 전체인 부분들로

부분적인 대상들이 아니고,

에로스가 쉬지 않고 돌아다니는

천체들보다 더-천체인 태양을

거대한

증권 거래, 머리, 왕관 그리고

너무 집착하는 남성과는 달리,

두려움을 기꺼이 비웃고, 익명성

않고서도 모험하고, 익명성에

여성은 주는 자이기 때문이다.

문제성에 관해 할 말이 많다.

Nietzsche) 꿈꿨던 여성, 대가를

아니다. 모든 것을 취하고자 하는

증여를 취하는-증여로써

있겠는가.

역설적이게도 계산하지 않고

있다. 끝이 없는 몸, '말단'이

여성이 하나의 총체라면, 그건

구성된 하나의 총체이지, 단순히

유동적이며 변화하는 집합,

무한한 코스모스, 다른

중심으로 편성되지 않은

천체 공간이다.

그렇다고 해서 여성이 미분화된

여성은 자기 몸이나 욕망을

섹슈얼리티는 남근 주변을

집권화된 몸(정치적 해부학)을

머리-성기라는 짝에 유리하도록

지방 분권화를 자기 자신에게

세계적인 것처럼, 여성의

글쓰기도 윤곽을 새기거나

타자 횡단을, 그, 그녀들, 그들

체류를 감행하면서 계속될 수밖에

무의식 가장 가까이에서 그들을

충동의 가장 가까이에서 그들을

멀리서, 동일시하는 짧은 포옹에

나아간다. 추방된 여성/여성의

글쓰기만이 언어-이전의 울림을

알기를 감행하며 그러고자

장벽이나 죽음을 모르는, 천 개의

언어/혀를 말하게 한다. 여성/

거부하지 않는다. 여성/여성의

품으며, 억류하지 않고, 가능하게

마그마라는 뜻은 아니다.

군주제로 만들지 않는다. 남성적

맴돌며, 부분들의 독재하에 중앙

탄생시킨다. 그에 반해 여성은,

경계선 안쪽에만 기입되는

행하지 않는다. 여성의 무의식이

리비도는 우주적이다. 여성의

식별하는 일 없이, 현기증 나는

안에서 일시적이고 열정적인

없으며, 이들 안에 사는 동안

바라보고, 그들이 일어나자마자

사랑하고, 그러고 나서는 더

젖은 채 나아간다, 무한으로

글쓰기, 오로지 여성/여성의

끊임없이 들어 왔고, 안에서부터

한다. 여성/여성의 글쓰기는

언어/혀로 말하는 그런 다른

여성의 글쓰기는 삶의 그 무엇도

글쓰기의 언어는 제지하지 않고,

한다. 이드가 혼란으로 발설되는

곳에 다수로 있는 것의 경이로움,

낯선 존재들에 맞서 방어하지

자기임을 깨닫고 놀라워하면서,

즐긴다. 나는 노래하는 광활한

남자?), 대략 인간이긴 하지만,

살아 있는 존재인 '나'가

글을 쓰라! 그대의 텍스트는

자신을 더 알고 있으니, 낭랑함과

주물럭대고 부풀어 오르는 반란의

넘치는 조합, 우리가 물을 길어

강들. 아! 이것 봐 그녀의

분리되지 못한 다른 사람, 그가

대야를 내밀면서 이렇게 말할

바다들은 물고기가 많든 적든,

높든 잔잔하든, 좁든 연안이

우리는 우리 자체로 바다, 모래,

여자들, 아이들,

다소 막연하게 바다, 대지,

여성/여성의 글쓰기는 자신의

않고, 오히려 그 낯선 존재들이

자기 변질 가능성이라는 능력을

육신이니, 그 위에 어떤 나(여자?

그보다 앞서 변화 중에 있기에

나올지 아무도 모른다.

자기를 모색하면서 살과 피보다도

향기로움을 재료 삼아 스스로

반죽, 비행하는 색채들의 생동감

올리는 바다로 뛰어드는 나뭇잎과

바다잖아. 남근적 어머니에게서

내게 남근적 어머니로 가득 찬

것이다. 하지만 보라, 우리의

불투명하든 투명하든, 파도가

없든, 우리가 만드는 그대로이고,

산호, 해초, 해변, 조수, 헤엄치는

파도들이다.

하늘, 어떤 물질이 우리에게

거슬리던가? 우리는 모두

이질적인, 그렇다, 여성은 기꺼이

자극하고, 그녀는 이질적인

여자, 비행하는 여자, 그녀는

흩날리고, 아낌없으며, 눈부시고,

여성, 그녀가 될 다른 여자와

너를 가능하게

[나] 여성은 다른 곳도, 같은 곳도,

내 두 눈 내 혀 내 두 귀 내 코 내

향한) 몸, 내가 타자를 원하는

아니며, 나의 어떤 결함을

여성적 '질투'에 사로잡혀서가

대상으로 환원하는 대체의

부계적-아들을 섬기는 늙은

속삭였던 엄지 동자 이야기,

이것들을 말할 줄 안다.

자기에게 유리하게 성감을

것의 성적 자극성이다. 헤엄치는

자기 자신에게 집착하지 않는다.

욕망하고, 타자를 가능하게 하는

그녀가 아닌 다른 여자, 그,

하는 여성.

다른 것도 두려워하지 않는다.

피부 내 입 나의 다른 (타자를

것은 내 구멍을 막기 위해서가

보완하기 위해서나 운명적인

아니다. 대체물들을 궁극적인

연쇄에 이끌렸기 때문도 아니다.

식인귀 할머니들이 우리에게

남근선망(Penisneid)은 이제

끝났다. 그들은 그들 자신을 부러워한다고, 우리가 그들의 구멍이라고 믿고, 믿을 필요가 사업이다. 이론의 여지 없이 큰 대가를 치르지만, 동시에 우리에게 알리기 위해서이다. 문고판 작은 시니피앙의 모성적 그 일부이고, 여전히 그것을 자신에게 표식을 달면서 스스로 확인시키게 한다. 여성이 남자가 그 주위를 맴도는 문제의 역사적 한계 내에서 그랬던 머무르지 않고, 영원히 '질투하는 대체 메커니즘에 머무르지 나르시시즘으로도, 항상- 동성애로도 유입되지 않는다! 낳는 것이 반드시 도식 안으로 재생산의 순환을 재충전하는 위험이 있다고 하여 반드시 몇에 가장하여 추가적인 금지 사항으로

존중하기 위해 우리가 죽도록

페니스에 대한 선망으로 둘러쳐진

있는데, 그건 그들의 태곳적

(우리는 그것을 확인하면서

즐기기도 한다), 그들이 발기하는 걸

그럼으로써 우리(그들의

애인인 우리)로 하여금 그들이

가지고 있음을, 남성들은 자기

구조화한다는 것을 그들에게

아이에게서 욕망하는 것은, 모든

그 부위, 남근이 아니다. 고대의

것을 제외하면, 임신은 숙명에

여성'의 무의식이 작동하는

않는다. 임신은 남근선망으로도,

거기-있는 어머니와 연관된

여성에게나 남성에게나 아이를

추락하는 것을 의미하지 않으며,

결과를 초래하지도 않는다.

걸리는 건 아니다. 의식화를

여성을 짓누르지 말자. 그대가

아이를 원하든 원치 않든, 그건

위협하지 못하게 하라. 옛

이어 그대의 욕망을 충족하면서

오지 않게 하라. 그리고 남자여,

수동적이기를 기대하면서,

봐, 그러니까 여성이 아이를

가족을 동시에 출산하는 흉계

두려워할 것인가? 아니다. 그대가

여성과 남성은 옛 관계와 그것의

새로운, 살아 있는 주체의

생각해야 한다. 출산의 회수에

열광적인 시기를 박탈하기보다는

페티시즘을 탈피하자. 좋은

아이가 부모의 죽음을 의미한다는

아이는 타자이지만, 폭력 없는

없는 타자이다. 매번 끊어야 하는

전승되고 계보로 이어지는

우리는 더 이상 뒷걸음질 치면서

삶의 욕구처럼 너무도 꾸밈없는

구강 충동, 항문 충동, 음성 충동,

그대의 소관이다. 아무도 그대를

시절에 '사로잡히는' 두려움에

사회성의 공모자가 되는 두려움이

그대도, 모든 사람이 맹목적이고

아이가 자신을 아버지로 만들까

출산하면서 아이-어머니-아버지-

이상의 결과를 자초할까 봐

오랜 순환의 고리를 끊어야 한다.

모든 결과를 무효화해야 한다.

발사를 탈-가족화와 더불어

대비하여 여성의 몸이 경험하는

탈-모성화-부성화하자.

아버지는 죽은 아버지라든가,

식의 변증법에서 빠져나오자.

타자, 상실이나 투쟁의 과정이

매듭을 엮고 다시 엮는 것,

거세의 지루한 반복에 진력난다.

나아가지 않을 것이다. 우리는

것을 억누르지 않을 것이다.

모든 충동은 우리에게 좋은 힘이고,

그중에는 글쓰기의 욕구와

안에서 자신을 살고자 하는 욕구,

내킨다면, 임신의 감미로움을

임신은 고전 텍스트들에서

저주받던 것이기도 하다. 실제로

억압된 것을 찾는다. 임신한

그녀에게 투여된 것으로 보이는

예전부터 여성이 임신을 하면

아니라, 여성 스스로 보기에도

부여하고, 명명백백 몸과 성(性)을

임신을 경험하는 천 가지 방식,

강도로 관계를 맺거나 맺지

그대에게 그런 욕구가 없다 하여,

않는다. 각각의 몸은 개별적인

자기 욕망들의 유한하지 않고

쾌락과 현실이 서로 껴안는

그대가 결정하라. 타자를 살려

(Mets l'autre en vie). 여성은

그건 일반적인 삶에 다른 것을

마찬가지로 잉태의 충동이 있다.

배, 혀, 피의 욕구. 만약 우리가

거부하지 않을 것이고, 더구나

극적으로 묘사되거나 감춰지거나

우리는 바로 여기서 특별히

여성에 관한 터부, 임산부는

힘을 여실히 보여준다. 우리는

자신의 상품 가치를 배가할 뿐

여성으로서 자기에게 가치를

체현한다고 추측했던 것이다.

아직 보이지 않는 타자와 다른

않을 천 가지 방식이 있다. 만약

그것이 결핍되었음을 의미하지는

방식으로, 모델 없이, 규범 없이,

변화하는 총체를 배분한다.

모순들의 공간에서 그대의 위치를

두어라/다른 욕구를 기입하라

분리를 살아 낼 줄 안다.

첨가하는 것이다. 내가 꿈을

꾼다고? 내가 오해하고 있다고?

개념을 곧이곧대로 따르는

팔루스를 떠받드는 이들이여,

내가 '이상주의'라고

'신비주의적'이라고

그러면 리비도는? 내가 「팔루스의

phallus)을 읽지 않았던가?

두고두고 추모하는, 태어나기

자아의 말단에 관해

더군다나 내 텍스트들 속에서

못하는가? 내가 그것에 장소와

못하는가? 물론 그럴 것이다.

전체를 원하고 동시에 내 자신

우리의 일부를 박탈하겠는가?

원한다. 당연히 여성에게는

사랑하고자 하는 '욕구'가 있다.

아니고, 그녀가 스스로 메우고자

아니며, 자신의 마음을 달래고

너희, 이른바 '이론'의 수호자들,

이들이여, (페니스가 아니라)

너희는 다시 한번

규탄하거나 그보다 더 심하게

침을 뱉을 테지.

의미작용」(La signification du

그리고 분리는? 그대의 욕망이

위해 절제술을 받아야 했던

그들이 말하지 않던가?

페니스가 순환하는 것을 보지

매력을 준다는 것을 보지

나는 모든 걸 원한다. 나는 그의

전체를 원한다. 내가 왜 나에게서

나는 그러니까 우리 전체를

욕구가, 질투가 아니라

그건 그녀가 거세되었기 때문이

하는 쇠약한 사람이기 때문도

복수를 노리는 상처 입은

자여서도 아니다. 나는 내 몸을 않는다. 나는 타자를 타자로서, 원한다. 왜냐하면 산다는 것은 모든 것을 원하는 것이고, 그 것이기 때문이다. 거세? 그건 욕망이 결핍으로부터 생겨난다는 충직한 주인의 북소리가 선도하는 여전히 커다란 남근에 위협받는 소극들(pharces) 가운데 가장 여성 희생자들이 여전히 많다. 그녀들은, 자기 몸 위에 그녀들 황금 팔루스에 옛날식 이론적 가벼운 떨림은 산 아래 누워 한다. 오늘날 말하지 못하는 그녀들은 돌연 분석의 제국을 날것의, 이름 없는 새로운 욕망을 표명하자마자, 새로운 담그고, 그리고 휙! 우회적이고 악마가 그녀들에게 번지르르한 수갑과 억압적인 패물을 판다.

치장하고자 페니스를 원하지

그의 전체와 그녀의 전체를

존재하는 모든 것, 살아 있는

모든 것을 살아 있는 채로 원하는

남들에게나 줘라. 도대체 어떤

말인가? 그건 작디작은 욕망이다.

팔루스 심급의 서커스에 감명받아

여성은 옛날 여성이다. 팔루스적

오래된 소극에 쉽게 넘어가는

첫 번째 무음 버전으로 분류되는

눈에는 결코 보이지 않는

기념비를 세우고, 그녀들의

있는 거인들을 솟아오르게

시기(infans)를 벗어나더라도,

세운 자들의 공격을 받게 되고,

욕망, 그 출현이 너무나 쾌활한

늙은이들이 그녀들을 탕에

고상한 체하는 현대성, 그 해석의

시니피앙 아래 예전과 똑같은

이게 여성들의 정숙한 소멸의

'좀 더 깨달은' 두 번째 버전이다.
뭐가 더 마음에 들어? 아버지의
눈의 귀여운 소녀야, 내 안경을
볼 수 있단다. 네가 믿어야 하는
코에 걸치고 페티시스트(너는
내가 네게 그걸 알려 줄게)의
쳐다봐 봐. 보이니? 안 보여?
그러면 네가 어떤 유형의 신경증
움직이지 마, 초상화를 그려
있도록

그렇다. 첫 번째와 두 번째 단계에
군단을 이룬다. 새로 도착하는
거리를 둔 채 창조를 감행하면
감시 대상 명단에 오르며,
질서로 소환된다. 항상 하나의
엮인 사슬 속에서 교활한 힘이
그리하여 우리는 아버지의-
그 대신 좀 더 새롭게
돌려보내는 끈에

너는 어떤 거세를 선호하니?

것 아니면 어머니의 것? 예쁜

사렴, 그러면 진실-자아-나를

모든 것을 말해 줄게. 이 안경을

페티시스트란다, 훌륭한 분석가인

눈으로 너의 몸과 타자의 몸을

잠깐, 우리가 다 설명해 줄게,

환자와 유사한지 알게 될 거야.

줄게, 네가 그림과 얼른 닮을 수

말이야.

있는 순진한 여자들이 여전히

여성들, 그녀들이 이론적인 것과

시니피앙의 경찰에게 검문당하고,

그녀들이 알고 있으리라 전제된

특권적인 '시니피앙'에 유리하게

여성들을 특정한 자리에 앉힌다.

이름으로 돌려보내지지 않고,

보이고자, 남근적-어머니에게

재통합된다.

여자 친구여, 시니피에의
시니피앙을 주의하라! 그대의
진단들을 경계하라. '보통' 명사들
분류하며 억누르는 고유 명사이다.
울타리에 갇혀 있지 말라.

우리가 군단이라면, 그건 해방
여전히 미미하기 때문이다.
여성들이 몰려들고, 나는
속지도 않을 여성들, 여자이기를

여성들 안에, 여성들과 다른 이들
사이에, 아직 탐험되지 않은
어떠한 공간도 없다. 여성은
부인하지 않고, 여성은 증오하지
다가가고, 여성은 다른 여성,
그건 그녀의 나르시시즘을
주인의 견고함이나 결함을
더 잘 사랑하고,

권위로 그대를 다시 끌고 가려는

생식 능력을 축소하고자 하는

또한 그대의 개별성을 종(種)으로

순환의 고리를 끊어라. 정신분석의

한 바퀴 돌아서 가로질러라!

전쟁이 열어 놓은 돌파구가

하지만 그 돌파구 사이로

그녀들을 봤다, 길들지도,

두려워하지 않을 여성들.

사이에, 혹은 여성들과 다른 곳

어떠한 위험도, 어떠한 욕망도,

페티시화하지 않고, 여성은

않는다, 여성은 관찰하고, 여성은

아이, 애인을 보고자 애쓴다.

공고화하기 위해서가 아니고,

보기 위해서도 아니며, 다만

창안하기 위해서이다

다른 사랑

태초들에 우리의 차이들이
감행하고, 타자를 원하고, 앎과
현기증 나는 비행을 한다. 그녀,
그녀는 머무르지 않고 도처에
주는-욕망이다. (취하는 증여라는
융합이라는 환상에 갇히지도 않은
않는다.) 한계에 다다르지
들어온다, 그녀, 그녀 자신인
거기서 하나는 언제나 무한히
우리의 되어 감을 향유하는 여자.
여성은 방어적인 사랑, 모성적
간다. 인색한 나르시시즘을
과도적 공간에서, 그녀는 자기의
교환인 양 행세하는 사랑-전쟁의
그녀는 증오가 자양분을 공급할
팔루스에게 물려받은 유산이자
기만적인 굴종인 그 증오. 하지만
바라보고-생각하고-추구하기,

(L'Amour Autre)을:

있었다. 새로운 사랑은 타자를

창안 사이에서 서로를 빼앗으며

영원으로부터 도착하는 여자,

가고, 그녀는 교환하고, 그녀는

역설에 갇히지 않고, 통합된

채. 우리는 더 이상 거기 머무르지

않을까 하는 두려움 없이 그녀가

나와 그대, 다른 나가 들어온다,

하나 이상이며, 나 이상이다.

우리는 한없이 계속될 것이다.

보살핌, 집어삼킴을 가로질러

넘어서 유동적이고, 열려 있는

위험을 무릅쓴다. 목숨을 건 투쟁,

다시-침대에-눕히기를 넘어서,

법한 에로스의 역학을 무시한다.

잔재이며, 팔루스에 대한

사랑하기, 타자를 타자 안에서

탈-거울화하고, 탈-사변화하기.

그게 어려운가? 불가능한 건 삶과 사랑에 자양분을 공급하는 기이한 것을 침묵시키려고 사랑이 아니라, 증식하는 교환을 여전히 죽음의 역사처럼 돌아가는 않는다. 대립, 계급을 매기는 지배를 위한 투쟁(주인 하나-두 명=두 죽음), 이 모든 것은 시대에 속한다. 그 시대가 여전히 여성이 다른 곳에서 삶의 역사를 곳에서, 그녀는 준다. 그녀는 못하고 재지 않는다. 그녀는 다른 자신이 가지고 있지 않은 것을 준다. 그녀가 준 것으로부터 보장 없이. 그녀는 살게 하고, 이러한 '경제'는, 더 이상 경제 사랑하는 곳에서, 경영의 옛 다소 의식적인 계산 끝에 그녀가 차이들이다. 그대가 나를 바라본 순간, 다시 말해 매 순간, 나는

아니다. 그리고 이것이 바로

것이다. 결핍에 대비하고,

안달인 욕망으로 유지되는

기꺼워하는 사랑 말이다. 역사가

곳, 그녀는 그곳에 들어가지

교환, 최소 하나는 죽어야 끝나는

노예 하나, 아니면 주인이 아닌

남근중심적인 가치들이 지배하는

현재형이라 할지라도 그것이

시작하는 것을 막지 못한다. 다른

그녀가 무엇을 주는지 '알지'

물건을 진짜처럼 속이지 않고,

주지도 않는다. 그녀는 더 많이

예상치 못한 이득을 볼 것이라는

생각하게 하며, 변화하게 한다.

용어로 설명되지 않는다. 그녀가

개념들은 모두 뒤처진 것이 된다.

거기서 찾는 건 이득이 아니라,

적 없는 방식으로 바라보는

그대에게 그대가 나이기를 원하는

그것이다. 내가 글을 쓸 때,

그 모든 이들이 배제되지 않고,

그리고 우리가 될 모든 것이

사랑에의 추구로 우리를 부른다.

절대 없을

우리가 될 것이라 알지 못했던

예측 불가하게, 나로부터 써진다,

끊임없고, 황홀하며, 무궁무진한

우리가 서로에게 부족한 일은

것이다.

장미 가시

이야기에 따르면, 메두사가 혀를
그 혀들이 뱀이라고 생각했기 때문이다.
물렸다는 생각에 다리와 온몸이 잘려
했다. 이 장면이 조금은 내 웃음을
뒷걸음질 치면서 자신이 무얼 하는지
여자를 참수해 버렸다.

결국 나는 이 참수들에 지쳤다.
잘리고, 자르고, 탈-사고하는 세상 속,
목격했다. 하지만 언제나 하나의 전쟁이
나는 생각했다. '전쟁이 끝나면 마침내
그러나 제2차 세계대전 직후 알제리
메두사와 나는 기다렸다. 1962년 나는
절단된 몸에 관심 가질 거라고, 그에게
기대했다. 그러나 아니었다, 사방에
혈안이 된 격노한 아들의 무리가
이들, 혀끝에 눈과 귀를 가진 여성들,
이 세계에 별로 없었다. 나는 종종
했다. 도대체 그녀들은 어디에 있지?
여성들, 내 어머니와 저항하는 여성
보기 드물고 눈부신, 고결한 생명들은
아니었다. 그가 내게 말했다.
"조만간" 현실에 존재할 거야.

효과 ❧

❧ [편집자주] Un effet d'épine rose. 이 글은 「메두사의 웃음」이 2010년 갈릴레 출판사에서 단행본 『메두사의 웃음과 다른 아이러니들』(*Le Rire de la Méduse et autres ironies*)로 출간되면서 함께 수록된 글 중 하나이다.

날름거리기만 해도 사람들이 도망쳤다.
손가락으로 귀를 틀어막고, 이미
나간 듯 그들이 도망치는 꼴을 봐야
자아냈다. 하지만 얼마 후 남자는
보지 않은 채 나에게서 이 불쌍한
신화의 끝.

사고하기 시작한 세 살 적부터
알제리에서, 나는 그것을 너무 많이
있었다. 나는 전쟁 때문에 참았다.
메두사를 올바로 평가할 수 있을 거야.'
전쟁이 터졌다. 우선은 민족 독립부터.
글을 쓰기 시작했고, 사람들이 메두사의
살아 있는 혀/언어들을 돌려주리라
아버지가 있었고, 그를 에워싸는 데
있었다. 나는 그 혼란 속에서 비슷한
말하고 웃는 몸들을 찾아다녔다. 그들은
내 친구 자크 데리다에게 불평하곤
강렬하고 풍요롭고 유쾌하며 자유로운
몇몇을 제외하면, 문학에서 만나던
현실에서 흔히 볼 수 있는 존재가
그녀들이 텍스트에 존재한다면,
"조만간"은 언제인가?

1968년 나는 혼돈 속에서 배 한 척,
숲에 꿈의 대학을 창안했다. 개방과
그 모델은 셰익스피어의 희극들이었다.
성적 차이를 연기하고, 대담하게 뛰어들
꿈처럼 여왕일 수 있었다. 하지만.
발견했다. 1972년 나는 내 친구 푸코와
여자푸코가 아니라 [남자] 푸코(Un
나는 인류를 사랑했다. 나는 내가
나는 여성들의 우정을 사랑했다. 그것은
서로의 비밀을 터놓는 정원이다. 그러니
딸인 내가 어찌나 놀랐던지! 내 여자
하나 이상의 혀/언어가 절단되어
접혀서 그 성기들에 종종 남성용
장화가 덧씌워지곤 했다.

과거의 산파 양성 클리닉으로 돌아가
알제에서 시작한다. 나는 어머니
내 나이 열네 살, "나의"라고 말한 건,
그녀와 함께 태어나기 때문인데,
강렬하며 유쾌하고, 태어나는 순간
우리의 행복을 빼앗도록 놔두지 않을
공원과 성이 있었다. 마침내 향유하기의
완전히 우연히도―제도적인―기회가
기회를 낚아챘는데, 이건 나의 어머니
언제나 죽음을 코앞에 두고 적절한
나는 파리 8대학에 여성학 박사 과정을

보물 하나를 끄집어내 뱅센의 마법
횡단, 결속과 망아(忘我)가 깃든 대학,
한여름 밤의 대학. 그곳에서 우리는
수 있었고, 당나귀처럼 아름다우며
또다시 복도에서 메두사의 시체들을
함께 GIP^(S)에서 '투쟁했다'. 당연히
Foucault, pas de Follecault)^O.
사랑하는 이들을 사랑했다.
섬세한 혀/언어들이 샘물에서 수영하며
알제의 산파 에브 클라인(Ève Klein)의
친구들은 너무 많이 학대받았다.
할례를 당하고, 단련된 혀/언어들은
양말이, 아니 그게 아니라 신발,
나는 놀랐다.

보자. 내 자유의 이야기는 바로 거기
곁에서 나의 첫 분만을 지켜본다,
분만하는 여성 가까이에서 우리는
이건 되풀이되는 기쁨이다. 아름답고
울음과 웃음이 음악이 된다. 나는
작정이었다! 1968년 내게는 뱅센
정원을 만들 차례였다. 1974년
찾아왔고, **나는 잽싸게 뛰어올라 그**
에브에게 배운 기술로, 어머니는
순간에 **뛰어오를** 줄 알았다. 그리고
신설했다. 프랑스 최초이자 유럽의

(S) [역주] 감옥정보그룹(Groupe d'infor-mation sur les prisons)의 약자. 식수는 1971년에서 72년까지 GIP에 참여했다.

O [역주] 미셸 푸코의 성씨에 있는 단어(fou)의 여성형(folle)을 사용하여 성차를 기입한 예이다. 프랑스어로 'fou'는 미친, 광인이라는 뜻이 있다.

선발대. 나는 수십 명의 연구자들(여성 사회학자, 의사, 작가들)을 초대했다. 배제하지 않았다. 이내 자크 데리다도 이렇게 모인 대학의 여성 석학들, 가운데에는 1970년에 만난 카트린

나는 여자 친구들에게 말했다. 우리가 쓰고-웃을

글쓰기?–그래. 그건 가장 내밀하고, 방법인 동시에, 가장 마법 같으며 가장 그리고 비행(vol). 나는 세 살 때, 오랑의 가장 안전하고 가장 보편적인

1974년이었다. 바로 그때였다. 나는 시간이 끔찍하게도 길게 느껴졌다. 텍스트를 썼고, 연극 쪽으로 나아가는 황량했다. 내 나라에는 사랑받는 남성 있는 남성 탐험가과 남성 예언자들로 준하는 여성들을 수 세기 동안 기다려 그런데 미래는 대체 언제 오는 것일까? 필요하다. 물론 안나 아흐마토바(Anna (Marina Tsvetaeva)ℓ, 주나 반스(Djuna 셀마 라겔뢰프(Selma Lagerlöf)ℓ나 있었으나 예외적이었다. 내가 클라리시 알게 된 건 1976년에

ℓ [역주] 러시아 시인으로 열여덟 살에 첫 시집 『저녁의 앨범』(*Vecherny Albom*)을 발표한 이래 혁명과 망명, 가족의 비극 속에서 다수의 시를 집필했다. 1939년 소련으로 돌아온 후 남편과 딸이 체포되고, 극도의 궁핍을 겪다가 자살로 생을 마감했다.

ℓ [역주] 스웨덴 소설가로 여성 최초의 노벨 문학상 수상자이다. 대표작으로는 『예스타 베를링 이야기』(*Gösta Berlings saga*), 『닐스의 모험』(*Nils Holgerssons underbara resa genom Sverige*) 등이 있다.

사학자, 문학가, 철학자, 정신분석학자,
대부분은 여성이었지만 남성도
이 새로운 배의 선원으로 합류했다.
그러나 여성으로서 안식처가 없는 이들
클레망(Catherine Clément)*도 있었다.

우리가 웃을(rire) 차례야.
(éc-rire) 때야.

가장 강렬하며 가장 경제적인 탐구
민주적인 대리보충이다. 종이와 상상력,
철창에 역사의 포로로 잡혀 있던 시절,
탈출 수단을 발견했다.

혼자서 문학을 걷는 것에 지쳐 있었다.
나는 이미 픽션이며 에세이이며 많은
중이었다. 하지만 내 오른편은
시인, 감미로운 남성 철학자, 통찰력
넘쳐 났다. 하지만 나는 그들의 수에
온 듯했다. 물론 랭보의 예언을 믿었다.
하늘을 날기 위해 증인과 동료가
Akhmatova)*, 마리나 츠베타예바
Barnes)와 다른 몇몇 여성들,
카렌 블릭센(Karen Blixen)*이
리스펙토르 (Clarice Lispector)를
이르러서이다.

* [역주] 프랑스 철학자이자 소설가, 언론
인이다.

* [역주] 러시아 시인으로 스탈린 체제
의 탄압과 상실을 증언한 서사시 「레퀴엠」
(Requiem)과 「영웅 없는 서사시」(Poema
bez Geroia) 등의 작품을 남겼다.

* [역주] 덴마크 작가로, 아프리카에서 겪
은 경험과 깨달음을 담은 『아웃 오브 아프
리카』(Den afrikanske Farm)가 대표작이다.

나는 여러 여성에게 동맹을
므누슈킨(Ariane Mnouchkine)⩶을
투쟁에 연극의 힘을 더하자고 제안했다.
중 친구 크리스티앙 부르구아(Christian
여성형'(féminin future)이라는 총서를
써졌다. 유아어의 마법 안에서 모든 게
생각하면 정말 새가 된다. 관용어의
된다. "그래서 여성들이 글을 쓸
그리고 미래는 현재 안에 있다. 우리는
Née)을 만들었다. 카트린 클레망의 말을
헤엄치듯" 이루어졌다. 그 작은 책은
그리고는 그 무대를 떠났다.

나는 '새로 태어난 여성', '출구'라는
대한 격렬한 메아리에는 '메두사의
않은 웃긴 '출판 이야기'. 그러니까
운명의 장난. 이 모험들 덕분에 내 여정
만날 수 있었는데, 나는 그녀에게
함께 쓰자고 제안했다. 그녀가 내게
적이 없다. 이 모든 것이 현재형이다.
여전히

오늘 나는 카트린 클레망에게
한 치의 망설임도 없던 두 번째 동의는
내가 서명한 「출구」를 재수록하는
동의는 관대함을 넘어 즉각적이고

제안했다. 예를 들어 1972년 아리안
찾아가 프랑스 교도소의 현실에 맞서는
1974년 카트린 클레망과 대화를 나누던
Bourgois)의 출판사에 '미래의
만들기로 했다. 말을 하자마자 글로
순식간에 벌어진다. '나는 새 할래'라고
마법 같은 효력으로 허구가 곧 현실이
거야"라고 하면 그녀들은 글을 쓴다.
몇 주 만에 『새로 태어난 여성』(La Jeune
빌리자면, 이 일은 "그늘 없는 맑은 물을
프랑스에서 상당한 반향을 일으켰다.
여행을 떠났다.

제목을 붙였다. 그리고 내 출구들에
웃음'이라는 제목을 달았다. 아직 쓰지
'웃긴' 동시에 웃기지 않은. 우스갯짓,
중에 아니 르클레르(Annie Leclerc)◎를
'미래의 여성형' 총서의 두 번째 권을
다가오는 그 우아함은 한 번도 멈춘
음악적이고 생글거리는 선율이
울려 퍼진다.

첫 번째와 두 번째 동의를 빚졌다.
『새로 태어난 여성』에 실린 글 가운데
이번 판본에 대한 것이다. 카트린의
자연스러웠다. 두 차례 같은 동의,

◎ [역주] 프랑스 작가이자 철학자로 대표
작으로는 『여자의 말』(Paroles de femme),
『남자들과 여자들』(Hommes et femmes) 등
이 있다.

☚ [역주] 「메두사의 웃음」, 「출구」와 이 글
을 엮은 『메두사의 웃음과 다른 아이러니
들』을 일컫는다.

빠르고, 거침없이,

우리 사이에 점유하려는
친구 아니 르클레르과 마들렌
동의를 얻어 내 텍스트와 『글쓰기로의
다시 가져와 앙투아네트 푸크
(Édition des Femmes)에서

『메두사의 웃음』 정신으로 돌아오자.
다채로운 유희, 아이러니, 폭소, 분노,
과잉을 말하며 내 머리 꼭대기까지 찼다,
주머니에 그득하다. 폭음을 감추려고

그만!

나는

우리는 한 번

나는 이미 많이 썼다. 자유로운 글들,
지금도 고함칠 때가 있지만,
단 한 번만 고함친다. 나는 고함쳤다.
그었다. 한 번. 내가 따져 봤던가?
시대의 마디 속에서 솟구치는 고함.
웃음을

역순으로.

움직임 같은 건 없었다. 나는 그렇게
가뇽(Madeleine Gagnon)에게도 같은
도래』(*La Venue à l'écriture*)라는 제목을
(Antoinette Fouque)의 데 팜므 출판사
재출간했다.

그 웃음은 숨지 않는다. 그 웃음은
나 자신과 너에 대한 조롱, 난입, 출구,
혀/언어들이 머리 꼭대기까지 찼다.
내 손으로 입을 가리지 않는다.

고함쳤다.

고함 지른다.

저 너머, 대담한, 날짜 없는 글들.
문학에서는 아니다. 문학에서는
자, 마지막으로. 나는 시대의 한 획을
아니. 시대가 그랬다. 비상 상황. 탈구.
글로 그 고함을 질러야 한다.
새겨야 한다.

[역주] 캐나다 퀘벡 출신의 작가이자 시인으로 식수, 르클레르와 함께 『글쓰기로의 도래』를 공동 집필했다.

[역주] 프랑스 정신분석가이자 여성 운동가로 1973년 여성 전문 출판사 '데 팜므'를 창립했다.

문학에는 현실에 존재하지 않는 것,
그래서 나는

『메두사의 웃음』과 **다른 출구들**은
세상에 건 전화 한 통.

호출? 내 말을 들어줄 것이라
의심을 품고, 릴케 같은 비명,
그런 비명을

내 말을 들어줄 것이라

아름다운 시절이기도 했다. 가까이에
끈질기고 집요하게 경계를 굴착하고
그 당시 앙투아네트 푸크의 여성운동에
존재했고, 숨결과 호흡의 파장을
나는 미국과 캐나다에 자주 갔고,
일고 있었다. 나는 그곳에서 데리다
내 친구 자크 라캉의 개념들을
거부했던 프로이트 정신분석학을
이데올로기는 대립과 배제를 따랐기에,
나는 하나의 성별이 아니라 여러
섰다. 그런 교란은 좋았다. 혼자서는
이것을 **책임감**이라 부르자—이 나를
필요로 하는 것, 그것은
들린

그것이 존재한다.
글쓰기로 부른다.

호출이다.
누군가는 선언이라 했다.

믿었던 것일까? 아니면 반대로
천사들 사이에서도 들리지 않을
내질렀던 것일까?

믿었던 것 같다.

자크 데리다가 해체를 실행하며
있었다. 변화가 일어나고 있었다.
관해서는 알지 못했지만, 무대는
느꼈다. 1970년, 71년, 72년 등의 시기에
그곳에서는 여성들의 부상이 거세게
철학이 지닌 생생한 혁명성을 가르쳤고,
가르쳤으며, 북미 페미니스트들이
옹호했는데, 1970년대 그들의
남자인 프로이트는 배제되어야 했다.
성별을 지닌 존재, 테이레시아스 편에
나아갈 수도, 즐길 수도 없다는 느낌 —
사로잡았다. 증언할 필요성과 증인을
욕구 그 자체이니, 부르는 것은 이미
것이다.

메두사의 이름으로 전화를 걸었다.
내가 예상했던 시점과 장소가 아닌
『새로 태어난 여성』은 책이었다. 다른
미국 영어로 번역되자마자 나의
또 어떻고! 한없이, 시간을 초월해서!
그 말이 딱 맞다. 메두사는 내
내 연극보다 더 빨리, 더 멀리,
났다. 그 혀들/언어들로ㅡ그리고 (어린
영어들로ㅡ된 왕관을 쓴 딸이 수십
지독한 장난을 쳤다. 내가 그녀를
믿었는데, 그녀의 올가미에 걸렸다.
달리 말해 이 책의 아버지 혹은 하녀가
기울이든, 어디를 가든, 그녀가 거기에
과테말라, 아르헨티나에서 말레이시아,

내 입장이 되어 보세요.
당신을

좋아.

심지어 프랑스에서 이 책은
그리고 한 번도 재출간을

그리고 그녀, 나의 이방인이
그녀는 심지어 나를 **영어권에서**
당연히 번역에서 몇몇

그리고 누군가 전화를 받았다. 다만
곳에서. 프랑스에서『메두사의 웃음』과
모든 세계에서는 행위이다. 뜻밖에도!
메두사가 떠나 버렸다. 그 여정은
말하자면, 나를 빼고! 수행적 자립,
픽션들보다, 그리고 나중에는
더 강하게 나아갔다. 솔직히 짜증이
시절 사람들이 그렇게 불렀듯이)
넌간 나를 앞질렀다. 그 아이는 내게
창조했고, 신화에서 해방시켰다고
내가『[메두사의] 웃음』의 저자,
된 것이다! 내가 어디에 주의를
있다. 일본에서 튀르키예, 이란에서
레바논에서 한국에 이르기까지.

서둘러 만든 딸이 당신을 추월하고
뒤처지게 한다면!!

잊자.

오래전에 절판되었다.
생각해 본 적 없다.

외국에서 제 일을 하든 말든.
유명하게 만드는 농간까지 부렸으니,
문체와 언어가 사라졌겠지.

그만

하지만 가끔은 프랑스어가 지닌
비행(Vol)이 영어에서는 반쪽짜리
불확정성이 사라진 게 유감이다. 마치
날개 한쪽으로만

자, 넘어가자.

그러다가.

그리고 나는 선언의 저자가 아니다.
나는 조용하고,

그러다가

그리고 또 어느 날. 그리고 또 어느
영어로-된-메두사의 여자 친구들이
모든 혀/언어를 내밀고 태어난
사람들은 내게 전화해서 그녀를
나는 말했다. 아니, 아니, 모르는데요.
마지막으로 찬(Tschann) 서점이.
듣고 싶어

그렇게 세계 일주를 마치고

생각하자.

동음이의 덕에 내게 정말 소중한
비행이 되어 버린 게, 번역에서
나의 메두사가 수많은 날개를 두고,
비행하는 것 같다.

잊자.

내 말 들리나요? 나는 글을 씁니다.
은둔하는 사람이라고요.

어느 날……

날들에. 친절하고 호기심 많은 사람들,
'원본'을 알고 싶어 했다. **프랑스어의**
이상야릇한 동물을 알고자 했다.
알고 싶어 했고, 그게 한 번이 아니었다.
그리고 친한 서점들도 찾아왔다.
방문객들이 메두사의 첫 번째 목소리를
했기 때문이다.

탕아가 돌아왔다.

– 그녀가 프랑스어로 돌아오는 것,
내 친구 에릭 프레노비츠(Eric
번역가이며 영국 대학의 교수로,
가르치면서 재번역이라는 경련에
대학의 정규 교과 과정에 포함되어
영어에서 번역된 판본으로

– **장미 가시 효과**라고 나는 말한다.
(*À la recherche du temps perdu*)의 화자에게
진정한 꽃이 되기 위해서는 꽃과 함께
교신할 수 있을 만큼 깊숙한 곳에 박힌
오래되었으면서도 언제나 젊은 이 웃음,
영영 떨어질 수 없는 불안이
나는 인정하지

나는 지금 메두사 가시에 찔렸다.
것들이 있기에, '내 어머니보다 더
저녁 인사를 하러 오길 바라지 않는'
존재보다 더 현명하거나 더 아름다운

게다가 되돌아온 그녀는 그녀의 비행을,
다른 비행을 프랑스어에서

이 줄을 쓰자마자 여름이 노랗게
비행하는 꿈을 꿨다. "그래, 나는
사랑의 모험을 떠날 거야. 나는

출판을 허락한 기분이 어떠냐고
Prenowitz)가 묻는다. 그는 연구자이자
학교에서 이 텍스트들을 **영어로**
시달리고 있다. (이 탕아들이 전 세계
있고, 거의 항상 영어로, 아니면
가르친다는 말을 안 했네요!)

누군가 지금『잃어버린 시간을 찾아서』
꽃을 보여 준다고 했을 때, 그 꽃이
과거의 깊숙한 곳, 화자의 심장과 직접
장미 가시를 함께 가져와야 하듯이,
분노와 조급함, 그리고 내게서
한데 뒤섞여 태어난 이것을
않을 수 없다.

하지만 텍스트 안에는 사적인
아름답고 더 지적인 어머니가 내게
것과 마찬가지로 나는 이 가시 달린
메두사가 돌아오길 바랄 수 없다.

영어로 통과하는 과정에서 '빼앗긴'
되찾을 것이다.

물들었고, 나는 **장밋빛 말들이**
생각했다. 내가 사랑하는 이와 함께
기쁨으로 빛나고, 그의 내면은

지적이다. 나는 건물들과 단어,
탐사하느라 그를 반 시간 동안 기다리게
오지 않았다. 시간과 공간이 흔들린다.
만났을 때 그는 기막힌 풍경을 사진으로
더 멋진 위층으로 나를 따라오라고
믿을 수 없는 풍경이 나를 사로잡았다.
말들. 나는 하늘을 가로지르는 장밋빛
곧바로 알아채지 못했다. 그러고
말들의 생기 넘치고 강렬하고 통솔된,
지느러미처럼 갈기를 펼쳤다는 것을
마구 흔들었다. 그들은 땅 짐승이지만,
날아올랐고, 장밋빛으로 불리는 그들의
그들이 잠시 창가를 비행할 때 나는
그들은 숨을 깊이 들이쉬면서 아름다운
속으로 첨벙 날아올랐다. 나는 그토록
그것은 다음과 같은

온 자연이 경이롭다.

― 제목이 훌륭해요, 내가 프랑스
"전위적인 수호자"(avant-
칭했던 그녀가 말했다. 『새로 태어난
제르맹(Marie-Odile Germain)❧이

'건'이라는 단어와 '물'이라는 단어를
했다. 이번에는 사랑하는 그가 제시간에
그의 기분이 상했을까? 그를 다시
담고 있었다. 나는 그에게 전망이
집요하게 권했다. 높은 곳에 도착하니
그가 말하길, 장밋빛 말들. 메두사의
물결의 이 비행이 말들이라는 것을
나서 보았다. 비행하는 100여 마리
황홀한 물결을. 나는 말들이 공중의
알았다. 말들이 살랑거리는 꽁지깃을
흥분 속에서 숨을 고르며 창공으로
밤색 몸은 경이롭도록 아름다웠다.
아주 가까이서 그들을 똑똑히 봤는데,
가슴을 부풀리고 높이 잠수해 다시 공기
우아한 광경을 본 적이 없다.
흔적을 남겼다.

나는 황홀했다.

국립도서관에 기탁한 원고들의
gardienne)라고 자크 데리다가
여성』, 직접 지은 거예요? 마리-오딜
물었다. ― 아니요. 메두사가 지어

줬어요. 문학의 뮤즈. 퀴어. 어떤
그 자체로 퀴어하죠. 내가 말했다.
네 개의 마법 탑으로 장식된 왕관을 쓴
돌리면, 한차례의 아름다움. 그녀가

그녀는 왕관을 내려놓고, 분홍빛으로
오늘날의 여성들은 어디 있나요?
살았고, 1970년에 도착했어요, 왕관을
라티나 여성들이 나를 불렀고,
아메리카 대륙 사이 메두사의
끊임없이 질주하고요.
내 창문 앞을 비행하러 다시 돌아와야
해초로 가득 차서 숨 막히고,

[편집자주] 이런 표현은 「메두사의 웃음」이 한국어 안에서 새롭게 생을 얻은 시점을 은유적으로 가리키는 것으로 이해할 수 있다. 『메두사의 웃음』 한국어판이 2004년에 처음 출간되었다는 점을 고려하면, 2003년 무렵이 이 텍스트가 한국어로 옮겨질 조건과 맥락이 갖춰지던 시기였을 가능성도 짐작해 볼 수 있다.

이들은 퀴어의 퀸이라 부르죠. 문학은
초자연적이라고 화자가 덧붙인다.
아름다운 키벨레. 그녀가 옆으로 고개를
다시 고개를 돌리면, 새로운 탑.

앉는다, 그러고 나서 내가 묻는다.
― 나는 2003년에 태어나 한국에서
쓴 여인이 말한다. 바로 그다음에
요즘은 캘리포니아에 살고 있고요.
시간이에요. 나는 아시아 하늘을
프랑스는 어때요? ― 당신이
할까 봐서 걱정이네요. 요즘 공기는
웃음도 별로 없어요.

HC

이 책을 옮기며

두 언어의 경계에서 여성적 글쓰기를 옮기기

"여성적 글쓰기는 [……] 경계를 누비는 자들에 의해서만
생각될 것이다"(50~51쪽).

프랑스의 대표적인 여성학자로 알려진 엘렌 식수는 작가이자
극작가, 영문학자이다. 알제리가 프랑스 식민지였던 1937년
에 알제리 오랑에서 태어난 그는 알제에서 중등 교육을 받고,
1955년 파리로 건너가 소르본대학교 영문학과에서 수학한다.
1967년 단편집 『신의 이름』(*Le Prénom de Dieu*)으로 문학계에
데뷔한 후, 68혁명으로 새로운 대학 교육에 대한 열망이 고조
되던 1968년, 「제임스 조이스의 망명 혹은 대체의 예술」(L'Exil
de James Joyce : ou l'art du remplacement)이라는 주제로 박
사 학위를 취득하고, 뱅센실험대학(현재 파리8대학)의 창립
멤버로 참여한다. 그는 그곳에서 영문학과 교수로 재직하면
서 1974년 여성학과를 신설하고 프랑스 최초로 여성학 박사
과정을 도입한다.
　「메두사의 웃음」은 이듬해 계간지 《라르크》(*L'Arc*)에 발표
된다. 식수를 일약 프렌치 페미니즘의 기수로 만든 이 텍스트
는 작가의 글 중 가장 널리 읽힌 글로, 어쩌면 너무 빨리 이해
되고 번역되어 소비된 글이기도 하다.[1] 식수의 픽션 대부분이

1　「장미 가시 효과」 참조(118~125쪽).

프랑스어를 모어로 하는 화자에게도 일종의 외국어로 읽힐
정도로 난해하다는 점을 고려하면, '나-여자'가 여성들에게 직
접 말을 걸고 '여성적 글쓰기'를 예언하는 「메두사의 웃음」은
형식과 내용 면에서 명증성을 띠는 것도 사실이다. 실제로 식
수는 이 글이 시대의 부름에 응답하여 긴급하게 내지른 고함
이자 일종의 '선언'임을 강조해 왔고, 2024년 『메두사의 웃음』
을 단독으로 재출간하면서 "1975년 선언"이라는 부제를 덧붙
이기도 한다. 그렇다면 첫 출간 후 반세기가 지나 메두사를 마
주하는 한국 독자는 어떻게 이 글을 읽을 수 있을까? 프랑스
여성해방운동이 정점에 이르던 시기에 탄생한 이 예외적인
텍스트는 정치적이고 이론적 선언일 뿐일까? 식수가 말하는
'선언'이라는 것이 문학과 떼어 놓을 수 없음을 상기할 필요가
있다. 「메두사의 웃음」은 여성적 글쓰기에 관한 텍스트이기
이전에 그 자체로 여성적 글쓰기를 통해 탄생한 시적인 선언
이기 때문이다.[2]

2   문학사학자 오드리 라세르(Audrey Lasserre)는 1970년대 여성해방운동
    (Mouvement de Libération des femmes, MLF)을 20세기 프랑스 문학의 마
    지막 아방가르드 운동 중 하나로 읽는다. 당시 여성해방운동에 모니크 비
    티그(Monique Wittig), 프랑수아즈 도본(Françoise D'Eaubonne), 마르그리
    트 뒤라스, 크리스틴 로슈포르(Christine Rochefort) 등 여성 문인들이 대거
    참여했을 뿐 아니라, 여성 동인지의 등장 및 여성 문학 총서의 증가 등 문
    학적 상상력과 정치적 표현이 어우러져 등장했기 때문이다. 젊은 여성 문
    인들은 글을 쓰면서 '여성'이라는 범주를 해체했고, 이러한 사회문화적 맥
    락에서 식수의 글도 출간됐다. Audrey Lasserre, « Quand la littérature se met
    en mouvement : écriture et mouvement de libération des femmes en France

식수에 따르면 여성적 글쓰기는 정의할 수 없다. 이것은 오직 경계를 누비는 자들에 의해서만 사유될 수 있는데, 그 사유를 가능케 하는 언어 또한 경계를 누비는 언어일 수밖에 없었던 것으로 보인다. 식수는 "하나 이상의 언어가 울려 퍼"지게(64~65쪽) 하면서 글을 썼다. 그렇다면 『메두사의 웃음』을 옮기는 일 역시 단일한 의미를 매끄럽게 전달하기보다는 언어의 경계를 다변화하는 방식을 취할 수밖에 없지 않을까? 프랑스어 원문에는 없는 빗금이 한국어 번역 곳곳에 삽입됐다. 프랑스어로도 단번에 보이지는 않으나, 읽어 낼 수 있는 중의적 표현의 미끄러짐을 빗금 앞뒤로 기입했다. 이 몇몇 문장을 펼치면서 메두사의 비행이 남긴 "환원 불가한 여성성의 효과들"(52쪽)을 살펴보는 것은 어떨까? 첫 문단에서 시작해 보자.

나는 여성적 글쓰기에 관해, 그것이 무엇을 할지에 관해 말할 것이다. 여성은 자기 자신을 써야/써져야 한다. 즉, 여성은 여성을 써야 하고, 여성들을 글쓰기로 오게 해야 하는데, 그녀들은 자신의 몸에서 난폭하게 멀어졌던 것과 마찬가지로, 그와 동일한 이유로, 동일한 법에 의해, 동일하게 치명적인 목적으로 글쓰기에서 멀어졌다(12~13쪽).

(1970-1981) » in *Les Temps modernes*, vol. 689, 2016, pp. 119–141.

『메두사의 웃음』은 마치 여성 시인에 관한 랭보의 예언을 이어받듯이 미래 시제로 시작한다.[3] 여성적 글쓰기에 관해 말하는 것은 그것이 실행할 바를 이야기하는 것으로, 첫 문장은 이러한 글쓰기가 아직 도래하지 않았음을 암시한다. 물론 여성들이 글을 쓴다는 사실을 식수가 모르거나 부정한 것은 아니다. 19세기부터 프랑스 여성 문인 수는 꾸준히 증가했고, 이를 경계한 제도권 문학계가 20세기 초반 여성 작가의 작품을 '여성 문학'(littérature feminine)이라는 용어로 뭉뚱그려 정의하면서 그 가치를 애써 깎아내릴 정도였으니 말이다.[4] 하지만 식수가 이야기할 여성적 글쓰기는 비단 여성의 글쓰기가 아니다. '여성적 글쓰기'에서 '여성적'이라는 수식어는 새로운

3   일명 '투시자의 편지'로 알려진 폴 드므니(Paul Demeny)에게 보낸 1871년 5월 15일 서한에서 랭보는 여성 시인의 탄생을 다음과 같이 예견한다. "여자의 끝없는 예속 상태가 분쇄될 때, 남자, 여태까지 가증스러웠던 그가 여자를 제자리로 돌려보내고, 여자가 스스로를 위해 살게 될 때 여자 역시, 시인이 될 것입니다! 여자는 미지를 발견할 것입니다! [……] 여자는 이상한 것들, 불가사의한 것들, 역겨운 것들, 감미로운 것들을 발견할 것입니다!"(아르튀르 랭보,『랭보 서한집』, 위효정 옮김, 읻다, 2021, 76쪽) 이외에도 랭보에 대한 레퍼런스는『메두사의 웃음』에 산재한다. '비행'으로 옮긴 프랑스어 단어 'vol'의 중의적인 표현이나 "영원으로부터 오는 이[들]", "새로운 사랑" 등은 랭보의 서한과 시에 등장하는 표현들이다.
4   당대 평론가들이 정의한 여성 문학이라는 것은 결핍과 지나침으로 점철되는 문학으로, 진정한 문학, 즉 남성 문학에 이르지 못하는 작품을 통칭하는 얄팍한 수사였다. 그들은 '여성'이라는 어휘에 달라붙은 온갖 편견을 답습하여 여성 문학을 정의했다. Béatrice Slama, « De la « littérature féminine » à l'« écrire-femme » : différence et institution », *Littérature*, n° 44, 1981, pp. 51–71.

차원의 글쓰기를 양산할 실천 양식인 동시에 그러한 글쓰기를 통해 도래할 여성에 관한 것으로, 이 표현에 내재한 복합성은 글의 서두부터 은근하면서도 분명하게 암시된다. 식수는 단순히 여성이 '글을 써야 한다'고 하지 않는다. 그는 '쓰다'라는 프랑스어 동사 'écrire'의 대명 동사 's'écrire'를 사용하여 재귀적인 의미('자기 자신을 쓰다')와 수동적인 의미('쓰이다')를 동시에 환기한다. 여성은 자신을 써야 하고 써져야 한다. 다시 말해 여성이 여성을 쓰고, 여성들이 글쓰기로 오게 해야 한다는 것인데, 이와 같은 요구는 그리 단순하지 않다. 여성이 쓰는 여성, 글쓰기로 불러와 그로부터 나오는 여성(들)은 누구인가? 하나씩 살펴보자.

여성이 여성을 쓰는 것은 자기 몸을 되찾는 행위와 관련이 있다. "그대는 왜 글을 쓰지 않는가? 글을 쓰라! 글쓰기는 그대를 위한 것이고, 그대는 그대를 위한 것이며, 그대의 몸은 그대의 것이니, 그것을 취하라"(18~19쪽). 여성에게 글을 쓰라는 식수의 명령은 몸을 되찾으라는 요구와 하나의 문장에 동일한 리듬으로 묶인다. 남근로고스중심주의가 여성을 자기 몸과 글쓰기에서 멀어지게 했다면, 여성은 자기 "견지(와 성적 충동)"(14~15쪽)에서 글을 쓰면서 억압적인 체제에 균열을 가한다. 식수가 'sens'라는 프랑스어 단어의 단수와 복수 형태를 동시에 씀으로써 '견지'와 '성적 충동'이라는 의미를 한 호흡에 말하는 것은 특기할 만하다. 일찍이 히스테리 여성이 "몸-으로 된-단어들/몸-에서 온-단어들(mots-de-corps)"(68~69쪽)로 도취를 새기듯이 무한한 상상력과 섹슈얼리티를 간직한 여성은 글을 쓰면서 몸을 자기 자신에게 돌려준다. 그리하여 "1001개의 불타는 아궁이를 가진"(65쪽) 그녀의 몸으로 쓰는 텍스트는, 식수의 말을 빌리자면, "섹스트들"(62쪽)이며, 남근적 상상력을 초월하면서 사방으로 넘쳐흐른다. 여성은 여성을 쓰면서 팔루스의 경제에 휘둘리지 않고, 아버지에서 아들로 이어지는 로고스중심주의를 계승하지 않은 채, 자신을 긍정하며 더 나아가 여성들 간의 단절된 관계를 복원한다. 그러므로 여성이 여성을 쓴 텍스트는 "전복적인 것 그 이상"(76~77쪽)이고, 이 움직임은 수동형의 '써지기'와 무관하지 않다.

여성은 여성을 쓰는 동시에 쓰인다. 글쓰기를 통해 드러나는 여성은 어쩌면 글 쓰는 이에게도 낯선, 자기도 모르는 여성(들)이다. 글 쓰는 '그대'도 멈추지 못하는 '그대'를 이해하기 위해서는 '글쓰기'라는 개념을 잠시 짚어 봐야 할 것이다. 여성적 글쓰기는 1970년대 여성해방운동이라는 사회문화적 맥락에서 탄생한 표현일 뿐 아니라, '글쓰기'에 관한 문학적이고 철학적인 담론이 어느 정도 형성된 시기에 등장한 표현이기도 하다. 1950년대부터 모리스 블랑쇼(Maurice Blanchot)는 자신의 소설과 비평에서 글쓰기라는 것을 작품의 의미를 계속해서 무효화하는, 주체가 사라지는 경험으로 개념화한다.[5] 비슷한 시기 철학자 자크 데리다는 글쓰기를 무한한 불일치의 움직임, 일종의 차연(différance)으로 읽어 낸다.[6] 식수는 이러한 동시대의 사유의 흐름 속에서 여성적 글쓰기를 이야기한다. 글로 써지는 여성은 단순히 어린 시절의 욕망을 품고 되돌아오는 자가 아니라 '도래할' 존재로, 새로운 여성성을 기입할 자이다. 이때 여성성은 생리적 성별로 갈음할 수 없고, 이러한 여성성을 새기는 작가 역시 여성일 필요는 없다. 식수는 말한다. "나는 노래하는 광활한 육신이니, 그 위에 어떤 나(여자? 남자?), 대략 인간이긴 하지만, 그보다 앞서 변화 중에 있기에 살아 있는 존재인 '나'가 나올지 아무도 모른다"(84~85쪽). 그렇다면 여성적 글쓰기 안에 현실의 여성은 어디 있는가?

'여성적 글쓰기'라는 표현이 나온 직후 논쟁의 대상이 된 것이 '여성'이라는 수식어가 환기하는 본질주의적인 외향이었다면, 메두사가 영어로 번역되어 북아메리카 상공을 비행

5   Maurice Blanchot, *La Part du feu*, Gallimard, 1949; *L'Espace littéraire*, Gallimard, 1955; *Le Pas au-delà*, Gallimard, 1973.

6   데리다는 서양 철학의 음성-로고스 중심주의를 해체하는 과정에서 글쓰기 개념을 구체화한다. 기존의 형이상학은 음성언어를 의식의 즉각적인 반영으로 여겨 중시한 반면, 문자를 이차적 재현물로 간주하여 평가절하했다. 데리다는 이러한 믿음이 의식의 현전성을 전제한다는 점을 지적하면서, 음성을 통한 발화 또한 문자 형식에 의존함을 역설한다. 즉 언어란 차이들의 흔적으로, 항상 매개되고 지연된 결과물이라는 것이다. 이러한 관점에서 데리다는 글쓰기를 동일성을 담지하는 것이 아니라 무한한 불일치의 움직임이라 보았다. Jacques Derrida, *De la grammatologie*, Éditions de Minuit, 1967.

하던 1980년대 미국 페미니스트 이론가들이 문제시한 게 여성의 불분명한 자리라는 것은,[7] 이 표현이 지닌 복합성을 단적으로 보여준다. 여성적 글쓰기는 안 에마뉘엘 베르제(Anne Emmanuelle Berger)가 조심스레 시사하듯 어떤 의미에서 보면 글쓰기의 중복 표현일 수 있다.[8] 글쓰기가 무한한 차이를 생성하는 움직임이고, 여성의 고유성이 "탈-고유화하는 [⋯⋯] 능력"(80쪽)이라면, 여성적 글쓰기란 그저 '글쓰기'라는 한 단어로 치환 가능한 듯 보인다. 그럼에도 식수가 중성적인 글쓰기의 가능성을 의심하고, 남성적 글쓰기와 여성적 글쓰기를 구분하며, 무엇보다도 자신의 글에서 현실의 여성을 지우지 않는다는 것을 기억해야 한다. 일군의 남성 철학자들이 여성의 은유를 내세우면서 현실의 여성을 지운 것과 달리,[9] 식수는 예컨대 은유로서의 어머니를 강조하면서 여성이 가질 수 있는 욕망 중 하나인 잉태의 충동도 이야기한다. 그는 '나-여자'로서 글을 쓰면서 텍스트에 착수할 여성들을 부르고, 글의 후반부에 가서는 '여성'이라는 보통 명사를 1인칭 주어와 호응하

---

7 Alice Jardine, *Gynesis: Configuration of Women and Modernity*, Cornell University Press, 1985; Nancy K. Miller, *Subject to Change: Reading Feminist Writing*, Columbia University Press, 1988.

8 « Entretien avec Emmanuelle Berger (1/2) : sur l'écriture féminine », *Conférence-débat de l'EPFCL-France*, https://www.youtube.com/watch?v=uVC3mL-62Hfk (마지막 검색일 2025년 12월 8일).

9 김애령, 『여성, 타자의 은유』, 그린비, 2012.

는 동사형에 결합하여 통사 구조를 비틀기도 한다.[10] 이처럼 식수에게 여성은 알 수 없는, 도래할 여성일 뿐 아니라 그러한 여성을 맞이할 '나'이자 "투쟁(들)-중인-여자"(48~49쪽)이기도 하다.

식수의 "1975년 선언"은 여러 혀/언어로 말하면서 "여성의 문체를 새기[고]"(46~47쪽) 성차를 기입한다. 성적 차이와 성적 대립은 다르다. 후자가 성별 이분법에 따라 글쓰기마저 남성적인 것으로 만들고 여성을 지운다면, 전자는 사이를 작업하면서 차이를 활성화하고 팔루스로고스중심주의를 해체한다. 식수에 따르면, 이러한 성차는 '보는' 게 아니라 '읽는' 것으로, 그것은 하나의 생물학적 대상으로 수렴되지 않는다. 차이는 둘 이상의 대상 사이에서 발생하고 그 사이를 지나가는 것으로,[11] 성적 차이 또한 그 자체로는 '보이지' 않는다. 프랑스어 'genre'는 '젠더'를 일컬을 뿐 아니라, 문학의 '장르', 문법상의 '장르'를 의미하기도 한다.[12] 『메두사의 웃음』은 이론적 에

10 "[나] 여성은 다른 곳도, 같은 곳도, 다른 것도 두려워하지 않는다"(86~87쪽)라고 옮긴 문장의 프랑스어 원문은 "Femme n'ai peur ni d'ailleurs, ni de même, ni d'autre"로, '여성'을 뜻하는 보통 명사 'femme'는 문법상 'a'로 동사 변형을 해야 하지만, 일인칭 단수(je)와 호응하는 'ai'를 씀으로써, '여성'을 '나'로 읽게 한다.

11 Mireille Calle-Gruber, Hélène Cixous, *Hélène Cixous, photos de racines*, Des Femmes, 1994, p. 62.

12 Carmen Ruiz Bustamante, « Le père au cœur de la vie : vie, filiation, différence sexuelle chez Jacques Derrida », thèse de doctorat, Université Paris 10, 2023, p. 64.

세이와 시적 산문이라는 문학 장르 사이에서, 그리고 프랑스어 문법의 여성형과 남성형 사이에서, 사이를 작업하면서 성차를 활성화한다. 이 글에서 여성형 인칭대명사 'elle'의 혼종적인 쓰임은 비본질주의적인 성차 읽기의 단초를 제공한다. 한국어와 달리 모든 명사에 성별이 있는 프랑스어는 남녀 명사 혼합 시 남성 복수를 사용한다는 문법 규칙이 있다. 하지만 식수의 글에서 '남성형은 여성형에 우선'하지 않는다.[13] 예컨대 여성형 대명사 '그녀'(elle)는 남성형 보통 명사 '새'(oiseau)와 '도둑'(voleur)과 만나 "그-녀들"(illes)이 된다. 이 조어의 발음은 /일/로 남성 복수형(ils)의 발음과 동일하지만, 변환된 낱말은 양성 모두 배제하지 않은 채 차이를 열어 둔다. 또한 여성형 대명사 'elle'이 '여성'과 '여성적 글쓰기' 혹은 '여성'과 '언어'를 모호하게 모두 지칭할 수 있는 지점은 '여성'을 말하면서도 "그녀 자신이 타자가 되는"(45쪽) 순간들을 읽게 해 준다. 식수가 말하는 여성이 타자를 가능하게 하는 것과 마찬가지로, 글 속에서 여성 시니피앙은 남성 시니피앙 앞에서 사라지지 않고 그렇다고 자기 자신에게 갇히지도 않은 채, 성적 차이를 기입하고 해체한다. 여성을 쓰는 여성과 영원으로부터 오는 여성, 그들은 모두 타자를 가능케 하면서 "또 다른 양성성"(56~57쪽)을 텍스트에 기입한다. 우리는 이 여성들을 퀴어

13　앞서 언급한 문법 규칙을 설명하기 위해 "남성형이 여성형을 우선한다"(le masculine l'emporte sur le féminin)라는 표현이 자주 사용된다.

라고 부를 수도 있을까?

「장미 가시 효과」에서 식수는 메두사를 "퀴어", "퀴어의 퀸"이라 부른다. 그가 「메두사의 웃음」에서 강조한 여성의 양성성, 다시 말해 정체성을 다양화하고 망아에 이르는 양성성은 분명 퀴어와 맞닿아 있다. 그럼에도 불구하고 그가 말하고 행한 글쓰기에 담긴 퀴어성을 논하기 위해서는 '여성'과 '성차'라는 복잡한 단어를 지울 수 없고, 지워서도 안 될 것이다. 철학자 카트린 말라부(Catherine Malabou)는 여성성이라는 말이 의미를 갖는 것은 "여성의 정체성을 재고하고, 그 정체성 자체를 해체하고 변이할 때"임을 역설한다.[14] '여성적 글쓰기'라는 표현 또한, 수많은 오독과 오해를 낳았음에도 그것이 여성성과 성차를 끊임없이 질문하고 해체하기에 여전히 의미가 있지 않을까. 2024년 식수가 쓴 서문에는 물음표만 있을 뿐 마침표가 없다. 그는 이듬해 꿈꿀 "내년의 내년"을 단순 과거 시제로 기술하면서 시간의 순서를 흩트리고, 메두사가 채색할 새로운 모음들(voyelles), "남녀목소리들"(VoixIels)을 기다린다.

이 글을 새롭게 번역하는 작업을 제안해 준 조은 편집자와 서성진 편집장에게 감사드린다. 2025년 봄 학기 식수의 글을 세밀히 강독하는 동안 많은 질문과 감상을 나눠 준 연세대

---

14 Catherine Malabou, *Changer de différence : le féminin et la question philosophique*, Galilée, 2009, p. 14.

학생들에게도 감사의 마음을 전한다. 작업의 마무리는 프랑스 아를에서 했다. 사진 페스티벌이 한창이던 여름, 시간과 공간, 젠더의 경계를 노닐며 저항하는 퀴어, 여성의 이미지들 사이로 메두사는 비행 중이었고, 나는 그녀의 날개를 하나의 언어에 꺾어 맞추지 않으려고 온 힘을 다했다. 한국어로 다시 찾아온 메두사가 날개들을 활짝 펼치기를 소망한다.

2025년 겨울,
이혜인

이 책을 새롭게 읽으며

김지승

거듭 도래하는 몸의 전언

(작가, 독립연구자)

이것은 결코 도착하지 못하는 이야기이다. 그렇더라도 시작된다. 일단 시작되면 많은 이야기가 그렇듯이 아는 것과 모르는 것이 접촉하는 장소, 즉 행간과 여백의 방향으로 한동안 따옴표 없이 나아갈 것이다. 1975년 불과 물이 번갈아 춤을 추는 글에 자기 서명 대신 비명을 새겨 넣은 한 여자에 대한 이야기. 시작되려 한다. 하지만 그 전에 몇 줄의 공간만 허락해 주길 바란다. 한 인터뷰[1]에서 엘렌 식수가 타인의 말을 경유해 반쯤 고백한 자기 글의 난해함을 여기 두고 싶다. 책의 날개에 실을 짧은 소개문을 매번 자신이 써야 하는 상황을 두고 불평하는 식수를 상상해 보라. 그 누구도 나서려고 하지 않기 때문이다. 출판사 담당자는 그 앞에서 손사래를 치며 말한다. "너무 어려워요. 직접 쓰세요!"[2] 지금 지구상에서 가장 시급히 저 말의 에코가 되고 싶은 사람이 여기 있다. 너무 어려워요. 그래도 써 볼게요. 본래 에코는 반복이면서 차이인 목소리이므로. 이 이중의 목소리로 이야기를 시작한다. 그러나,

시작도 끝도 없다 [……] 모든 것은 언제나 한가운데에 있다.[3]

1   크리스티안 맥워드(Christiane Makward)와의 인터뷰. "My Text Is Written in White And Black, in 'Milk And Night'," Trans. Beatrice Cameron and Ann Liddle, *White Ink: Interviews on Sex, Text and Politics*, Acumen, 2008, p. 58.
2   Ibid., p. 69.
3   Hélène Cixous and Calle-Gruber, *Rootprints: Memory and Life Writing*, Psychology Press, 1997, p. 82.

세계가 재창조되는 그 한가운데를 탐색한다. 그가 1937년 식민지 알제리의 오랑, 북아프리카의 가장자리에서 태어난 순간은 어떨까. 아니면, 매일 아버지의 프랑스어 어머니의 독일어 이웃들의 아랍어로 길러진 그의 귀가 프랑스로 이주한 10대의 어느 날도 나쁘지 않을 것이다. 1975년 《라르크》 61호에 「메두사의 웃음」이 실린 이후 그가 세계적인 명성과 논쟁의 파도로 빠르게 끌려 들어가는 시작점이 제일 적절할지도 모르겠다. 그러나 나는, 한 여자는 1992년 "엘렌느 씩수"로 번역된 그를, 낯설고 불온하고 두근거렸던 문장들[4] 사이에서 만난 순간으로 움직인다. 1975년 "시몬 드 보부아르와 여성의 투쟁"을 기념하는 특집호에 실린 글에서 엘렌 식수는 보부아르를 비판적으로 견지하며 향후 페미니즘 제2물결 혹은 이른바 '프렌치 페미니즘' 맨 앞에서 출렁일 '여성적 글쓰기'를 미래에 투사한다. 1992년 「메두사의 웃음」 일부가 번역되어 실린 잡지를 4년 후 1996년 헌책방에서 발견한 여자는 그 미래에서 도착한 출렁임에 현기증을 느낀다. 여성 쓰기의 역사에서 그 앞에 아무 일도 일어나지 않은 시작은 없고, 그 이후에 어떤 일도 이어지지 않는 끝도 없다. 여자는 어쩔 수 없이 몇 개의 시간성을 넘나들어야 한다. 시간을 통과하는 여정이지만 실은 몸을 통과하는 여정이다. 안다고도 모른다고도 할 수

---

4   또하나의문화 편집부, 《여자로 말하기, 몸으로 글쓰기: 또 하나의 문화 제9호》, 1992, 353~359쪽.

없는 몸이어서 1996년 그는 여자에게 타자였다. 엘렌 식수, 이하 H. 있으나 없이 비상하는 묵음.

최초의 H

이면서, 한가운데의 H에게서 전언이 날아든다. 1996년의 「메두사의 웃음」은 그 강렬함과는 별개로 조각조각 기워진 상태였다. 말줄임표나 생략 표시 없이 글 전체에서 부분이 임의적으로 덜어지고 멋대로 문장들이 접합되어 그즈음 읽고 있던 『프랑켄슈타인』[5] 속 괴물이 떠오를 정도였다. 크나큰 공포에 휩싸인 채 태어나 정작 타인의 공포에 의해 여러 번 버려지는 그 괴물과 메두사가 어딘지 닮아 있었다. 뱀처럼 파고들고 새처럼 물어 나르고 물처럼 소용돌이치며 글 쓰는 여자들을 집어삼키는 괴물 같은 글이라는 점에서도 그랬다. 텍스트 전체가 온전히 전해지지 않았음에도 엄청난 각도와 속도로 날아든 문장들은 1990년대 이곳, 쓰는 여자들이 느껴 온 외로움에 정당성을 함께 안겼다. 대학에는 여성 교수 하나 없이, 여성 작가의 작품을 읽는 강의 하나 없이 무언가를 읽고 쓰는 여성들이 있었다. 여성 작가들에게 사랑을 줄 수는 있었지만 상과 권위와 비평이 연장할 수 있는 생명을 줄 수는 없어 어깨가 좁아지던 여성들이. 사랑이 생명을 줄 수 없다면 그것으로의 초대는

---

5   1993년 파피루스 출판사에서 처음 완역된 것으로 기억한다.

불가능하다. 그래서 몰래 읽고 그들은 몰래 삼켜진다. 여성이 그것의 필요를 느끼면 언어는 스스로 탄생하리라는 H의 예언이자 명령이 몰래 읽고 삼키는 등을 쓰다듬었다. 어떤 문장은 세상에 나오는 그 순간 즉시 다른 시간대에 가닿는다. 과거와 미래의 다른 몸에서, 오래된 모어들에서 동시에 태어난다.

여성의 몸, [……] 오래된 모어에 하나 이상의 언어가 울려 퍼질 것이다.[6]

1974년 H가 이끄는 여성적 읽기-쓰기 모임에서도 어떤 일이 일어난다. 함께하는 100여 명의 여성들이 '스스로 탄생하는 언어'로 막 터져 나오려 한다. 나이와 상관없이 여성들이 다시 태어난다. 그들은 공통적으로 "마침내, 감히 말하기 시작해요!"라는 자신을 향한 주문으로 입을 뗀다. H는 얼마간의 당혹감과 머뭇거림 속에서 일어나는 그것을 감탄하며 지켜본다. 여성들이 정확히 글쓰기의 장소에 진입하는 장면을. "그것은 놀랍도록 아름다운 일이었어요." H의 증언을 한 여자는 믿고 싶어진다. 1996년 쓰는 여자들에 관한 증언을 조금 당겨 쓴 것이라고. 남성적 정전 외에 여성 작가의 글을 학생들에게 거의 읽힌 적이 없었다는 H의 자각과 여성학 박사 과정 신설,

6   엘렌 식수, 이혜인 옮김, 『메두사의 웃음』, 마티, 2026, 64~65쪽.

여성적 읽기-쓰기의 실천에 이르는 과정 중에 쓰인 『메두사의
웃음』은 터져 나오기를, 탈취하기를, 비행(飛行, 非行)하기를 독
려하는 최초의 비명이었다. 1996년 한 여자는 작법 교재 귀퉁
이를 쭉 찢어 그 비명을 받아쓴다. 미리 와 있었으나 아직 쓰
인 적은 없던 그 소리를.

두 번째 *H*, 변형

쓰는 여자들의 손등에 죄책감을 심기는 너무 쉽다. H의 비명
을 받아쓰던 여자의 손등이라고 다를 리는 없었다. 발간 1년
뒤인 1976년 「메두사의 웃음」은 영어로 번역되어 또 다른 타
자를 창조한다. 몇 번째인지 모를 시간대가 생성되는 일, 다른
세계의 몸과 연결되는 일, 변형을 견디는 일이 손등의 죄책감
을 긁는 속도로 번져 나갔다. 영어로 번역된 여성적 글쓰기에
관해서도 예상 가능한 오해와 뜻밖의 이해가 번지고 섞였다.
환영과 찬사, 회의와 우려 속에 몇몇 비평가들[7]은 '여성적' 글
쓰기를 서둘러 어떤 해석 틀에 넣고 싶어 했다. 메두사의 프랑
스식(불분명한) 웃음은 곧 미국식(실용적인) 웃음으로 교체되
었다. 여성운동의 뜨거운 흐름과 맞물려 한동안 논쟁으로 이
어질 '생물학적 본질주의'라는 혐의가 여성적 글쓰기를 향한

---

7 로버트 콘 데이비스(Robert Con Davis), 앤 로절린드 존스(Ann Rosalind
   Jones), 토릴 모이(Toril Moi), 가야트리 스피박(Gayatri Chakravorty Spivak),
   엘렌 웬젤(Ellen Wenzel), 돔나 C. 스탠턴(Domna C. Stanton) 등이 있다.

이론적 일관성, 분석적 체계 요구와 더불어 H를 당황시켰다.

> 프랑스에서『메두사의 웃음』과『새로 태어난 여성』은 책
> 이었다. 다른 모든 세계에서는 행위이다. 뜻밖에도! 미국
> 영어로 번역되자마자 나의 메두사가 떠나 버렸다. 그 여
> 정은 또 어떻고! 한없이, 시간을 초월해서! 말하자면, 나를
> 빼고![8]

H가 재창조한 메두사가 오히려 H를 거듭 새롭게 낳고 있
었다. 1967년부터 현재까지 시인으로, 아티스트로, 연구자로
그가 끝없이 확장한 저작 목록은 80여 권[9]에 이른다. 자신을
주로 또 자주 시인으로 정체화해 온 H가 정작 '시집'으로 출판
한 책이 한 권도 없다는 점에서 그를 향해 작동되는 어떤 누
락과 경계를 짐작해 볼 수 있다. 그가 소개되는 언어별 시차와
무관하게 그의 시적 소설과 희곡들은「메두사의 웃음」과「출
구」만큼 주목받지 못했다. 여성적 글쓰기의 다의성과 불확정
성, 번역의 난해함을 감안한다고 해도 여러 작품이 번역된 영
어권에서조차 그의 초기 이론적 텍스트에 집중해 H를 규정해
왔다. 그 결과 오해와 납작한 선언과 규범화된 실천들이 그의

---

8 엘렌 식수, 같은 책, 120~121쪽
9 가장 최근작은 2025년 10월에 출간된『끝내 도착하지 못한 것』(*Ce qui n'était
   jamais arrivé*)이다.

실제 지향과는 무관하게 양산되었다는 사실은 여전히 아이러니하다. 여성적 글쓰기와 '이론'의 관계를 이만큼 잘 드러내는 사례가 또 있을까. 한 여자는 생각한다.

2004년 『메두사의 웃음/출구』 합본 형태로 처음 번역본이 출간된 이후 H가 이곳에서 수용되는 방식도 영어권에서 일어난 양상과 어떤 면에서 그리 다르지 않았다. 자꾸 손등을 긁던 여자는 H가 점점 H로 변형되며 수용되고 움직이는 것을 아슬아슬한 마음으로 지켜 봤다. 결과적으로는 통일되고 고정된 주체 개념에 반대하는 그가 다수적이고, 유동적이며, 과정 중에 있는 존재 H로 점점 기울고 있는 셈이었다. 그는 자신이 쓴 글의 많은 부분을 스스로 증명해 냈다. 여전히 여성적 글쓰기는 정의할 수 없고, 이론화할 수 없는 이론이었지만 이분법적 상징 체계의 위계를 허물고 새로운 여성적 관계 맺기가 가능해지는 글쓰기의 장소에서 지속적으로 발생하고 있었다.[10] 여자는 여성적 글쓰기라는 즐거운 사태가 언어를 구획하고 질서화하려는 시도를 교묘히 무력화하는 방식에 웃음을 터뜨렸다. 그럴 때마다 H처럼 몸이 기울었다. 서로의 몸이 기울 때 우리가 우리에게 닿지 못할 일은 거의 없다. 자기를 다른 방식으로 쓰기의 시작은 그 닿음에 있었다. 타자와 닿음에

10　엘렌 식수는 그 예로 윌리엄 셰익스피어(William Shakespeare), 하인리히 폰 클라이스트(Heinrich von Kleist), 시도니 가브리엘 콜레트(Sidonie-Gabrielle Colette), 프란츠 카프카(Franz Kafka), 마리나 츠베타예바, 장 주네, 마르그리트 뒤라스, 클라리시 리스펙토르 등을 분석하고 연결했다.

서 변형으로, 언어로, 무의식으로 그러다 다시 반대로. 여자는
이 흐름이 자신을 결국 관통하길 기다렸다.

세 번째 ㅐ, 반향

몸의 꿈은 잔해 위로 펼쳐진다. 여성적 쓰기의 자리는 어떤 상
처의 폭력이 깃들어 있는 자리이고, 여성의 과거가 꿈처럼 다
른 세계 다른 이름으로 등장하는 자리이다. 여성적 글쓰기의
중요한 저작들인 『메두사의 웃음』과 『새로 태어난 여성』, 『글
쓰기로의 도래』[11] 이후 방사형으로 퍼져 나간 시도들, 가령 다
중 주체의 목소리를 받아쓴 시적 소설[12]과 태양극단에서 공연
된 다수의 희곡[13]은 H의 언어적 전환이 어떻게 몸과 무의식을
작동시켜 새로운 목소리 주체를 탄생시키는지 잘 보여 준다.
그 과정은 물질적이면서 동시에 언어적이고, 목소리는 항상
이질적이면서 타자와 관계하고, 결코 자신에게 닫혀 있지 않
음으로써 '둘이며 하나'로 출렁인다. 1975년의 H와 1996년의

11 Hélène Cixous, Annie Leclerc and Madeleine Gagnon, *La venue à l'écriture*,
    Union générale d'éditions, 1977.
12 대표적으로 다음 작품을 들 수 있다. *Le troisième corps* (1970), *Le Livre de
    Promethea* (1983), *Manhattan : Lettres de la préhistoire* (2002), *Revirements : dans
    l'Antarctique du cœur* (2011).
13 특히 여성적 글쓰기의 주이상스, 몸, 리듬, 목소리, 리비도적 경제 개념들로
    주목받은 「제방의 북소리」(Tambours sur la digue)는 아리안 므누슈킨의 연
    출로 2001년 서울 국립극장에서 초연되기도 했다. 2002년 영화로도 제작되
    었다.

한 여자, 이후 변형된 *H*와 2004년의 여자가 연결되면서 가능해지는 일종의 존재 방식처럼. 다른 곳, 다른 이들로부터 오는 현재이자 부재의 소리인 에코, 반향의 언어. 이 언어의 말하기는 듣기를 통해서만 가능하고, '여성적'인 것은 이미 항상 타자성과 얽혀 있으므로, 타자들의 변화하는 그물망 속에서만 살기와 쓰기가 가능해진다. 2000년대 이후 *H*는 다양한 동시대 예술가들과 협업하며 작품과 '여성적'으로, 시적으로 관계한다. 또 한 번 자신의 글을 살아 내고 여성적 글쓰기의 장소를 확장한 셈이다. 그의 글들은 하나의 생명체처럼 서로의 목소리를 빌려 오고 빌려 가며 관계 안에서만 읽히고 잠시 의미를 획득했다 헤어진다. 여자는 그의 글이 되고 싶어진다.

1970년대 특정한 역사적 맥락 속에서 울림을 가졌던 그의 글은 90년대 이후 페미니즘의 정치성이 상대적으로 약화되고, 예술 장르의 경계가 흐려져 뒤섞이는 상황 속에서 맥락과 해석의 여지가 크게 변화한다. 메두사를 '뮤즈의 응시'로 감각한 예술가들이 다양한 매체를 가로지르며 언어와 이미지 사이, 예술 작품과 여성의 몸 사이에 새로운 관계를 그렸다.[14] 2000년대를 지나며 『메두사의 웃음』은 미적 형식의 변화와 남성 중심 구조의 비판을 동시에 수행하는

14　냅시 스페로(Nancy Spero), 캐럴리 슈니먼(Carolee Schneemann), 아나 멘디에타(Ana Mendieta), 에텔 아드난(Etel Adnan) 등을 들 수 있다.

이중 매개로, 여성적 글쓰기는 어떤 예술적 신체성의 실천이
자 세계와 역사를 다시 쓰는 정치적 실천을 중개하는 초대의
자리로 그 의미가 흘러갔다. 아름다움은 의미의 비결정성과
신체의 흐름, 그리고 다성적 목소리들이 열어 놓은 여성적 서
사 공간으로 모였다. 여자가 포기하지 않아도 되는 아름다움
이었다. 그가 포기하지 않았으므로 여자도 그럴 수 있었다.

세계는 둘이었다. 모든 세계는 둘이었고, 언제나 시작부
터 둘이었다. 두-세계는 무수히 많았다.[15]

표현 불가능한 것, 이름 붙일 수 없는 것, 여성적인 것을
쓴다는 것은 본질적이고 화해 불가능한 모순과 직면하는 일
이나 다름없다. 모순이야말로 가장 유희적인 진실이다. 2026
년 세 번째 도래한 H는 이 모순 안에서 인종과 젠더 문제를
새롭게 조망하고 여자에게 타자를 유독 검게 새긴다. 여자는
H가 쓴 아파르트헤이트와 검은 대륙과 검은 공포에 관한 문
장과 "너는 아프리카이니까"[16]라는 표현을 손끝으로 더듬는
다. 이전부터 거기 있었던 것을 확인하려는 듯이. 그래서 다시
『메두사의 웃음』을 읽는다는 것은 "타자를 감행하고, 타자를

---

15   Hélène Cixous, "My Algeriance, in other words: to depart not to arrive from Al-
      geria," trans. Eric Prenowitz, *Stigmata: Escaping Texts*, Routledge, 1998, p. 164.
16   엘렌 식수, 『메두사의 웃음』, 24~25쪽.

욕망하며, 앎과 발명의 현기증 나는 비행 사이를 가로지르는 사랑"[17]이 50년 전 심어진 씨앗들 중 하나임을 목도하는 일이다. H가 *H*로, 그리고 다시 ㅐ로 반향하는 느린 시간을 듣는 일이기도 하다. H와 가장 가까운 모양인 한글 모음 'ㅐ'는 사람을 의미하는 'ㅣ' 둘을 하늘을 의미하는 'ㆍ'가 잇고 있는 형상이다. 두 사람을 하늘이 잇는 것인지, 사람 둘이 하늘을 연결하는 것인지 굳이 확정할 필요는 없다. 어느 쪽이든 그것은 "두 인간 존재 사이에서 일어날 수 있는 사랑의 작업"[18]이므로, 세 번째 도착한 H인 ㅐ를 여자는 '애'(愛)라고 읽는다.

이것은 1975년의 H와 2026년의 ㅐ가 서로를 향해 기울고 몸짓하며 다시 시작되는 이야기이다. 자꾸 시작되려고 한다. 그러자 저 멀리, 다른 목소리를 듣는 가운데에서만 자기 조형이 가능해진다고 말하는 여자는 누구인가. 여전히 어떻게 타자를 살해하지 않고 다른 방식으로 주체가 될 수 있는지 막막해지는 심정으로 한 여자는 반향되어 오는 그 목소리를 가만히 듣는다. 모든 것은 이미 언어화되어 있고, 재현에 붙들리며, 문화 속에서 조형되지만 바로 그렇기 때문에 죽음에 저항하며 반드시 나와 타자를 다른 방식으로 기입해야만 한다

17　Hélène Cixous, "Dissidanses de Spero," *Peinetures : Écrits sur l'art*, Editions Hermann, 2010, p. 66.

18　Conversations with Hélène Cixous and members of the Centre d'Etudes Féminines, ed. and trans. Susan Sellers, *Writing Differences: Readings from the Seminar of Hélène Cixous*, Open University Press, 1988, p. 146.

는 저 비명의 주인은 또 누구인가. 1975년 『메두사의 웃음』이 투사한 미래로부터 여자는 그 비명을 옮기며 주인이 된다. 이제 타자를 사랑 속에 탐구하고 경험할 수 있는, 착취 없는 공간을 마련하려는 욕망이 여성적 글쓰기의 중심에 있다고 말하는 이는 여자이다. 여자가 오래전 H에게로 간다. 몸의 꿈이 여자가 태어나기도 전에 여자를 알아본다.

미래에서 도래할 여자들에게. 두-세계에서 그것이 기어코 시작될 때 "우리가 서로에게 부족한 일은 절대 없을 것이다"[19].

19　엘렌 식수, 『메두사의 웃음』, 106~107쪽.

엘렌 식수(Hélène Cixous)

문학 교수이자 소설가, 극작가로 프랑스의 대표적인 페미니스트 학자이다. 1937년 알제리 오랑에서 태어나 유년 시절을 보내고, 바칼로레아 취득 후 프랑스에서 고등교육을 받았다. 1967년 단편집『신의 이름』으로 문학계에 데뷔하고 1968년 '제임스 조이스의 망명 혹은 대체의 예술'이라는 주제의 논문으로 박사 학위를 받았으며, 같은 해 뱅센실험대학(파리8대학)의 창립 멤버로 활동했다. 이후 그곳의 영문학과 교수로 재직하며 1974년 파리8대학에 유럽 최초의 여성학 연구소를 설립하고 여성학 박사 학위 과정을 도입했다. 현재까지 80여 편의 픽션과 에세이, 희곡, 논문 등을 저술하며 집필 활동을 왕성히 이어가고 있다.

옮긴이 이혜인

연세대학교에서 프랑스 문학을 공부하고, 파리8대
학에서 아니 에르노, 엘렌 식수, 샹탈 아케르만의 애
도하는 글쓰기에 관한 박사 논문을 썼다. 옮긴 책으
로는 엘렌 식수의 『아야이! 문학의 비명』과 샹탈 아
케르만의 『브뤼셀의 한 가족』이 있다. 현재 인천대학
교에 재직하며 저술 및 번역 작업을 이어 가고 있다.

메두사의
여성적 글쓰기에 대한

엘렌 식수
이혜인

초판 1쇄 인쇄
초판 1쇄 발행

ISBN

발행처
출판등록
등록번호
발행인
편집
디자인

주소
전화
이메일
홈페이지
인스타그램
엑스
페이스북

웃음
최초의 선언

지음
옮김

2026년 1월 12일
2026년 2월 9일

979-11-90853-72-9 03160

도서출판 마티
2005년 4월 13일
제2005-22호
정희경
조은, 서성진
동신사

서울시 마포구 잔다리로 101, 2층 (04003)
02-333-3110
matibook@naver.com
matibooks.com
instagram.com/matibooks
x.com/matibook
facebook.com/matibooks